Goldmann RATGEBER

Band 10571

Volkmar Böhlau (Hrsg.) · Senior und soziale Lage

»Senior und soziale Lage« ist die vierte Veröffentlichung dieser erfolgreichen Buchserie, in der sich namhafte Wissenschaftler speziell mit den Problemen älterer Bürger auseinandersetzen.
»Senior und soziale Lage« behandelt natürlich in erster Linie die Frage, wie jene Bürger, die aus dem Arbeitsprozeß ausscheiden, finanziell gesichert werden können bzw. sich selbst zu sichern vermögen.
Aber die einzelnen Beiträge greifen über diesen ganz konkreten Komplex weit hinaus. So geht es neben der finanziellen Sicherung immer auch um die humane Frage, wie dem älteren Bürger das Gefühl vermittelt werden kann, nicht am Rande der Gesellschaft, sondern mitten in ihr zu leben. Pragmatisch spricht das gleich der zweite Beitrag von Frau Minister Annemarie Griesinger aus: »Sich als Mitmensch fühlen«.
Der Herausgeber des Bandes, Prof. Dr. med. Volkmar Böhlau, vertritt seit Jahren die Fachgebiete Gerontologie und Geriatrie (Alternsforschung und Alternsheilkunde) an der Johann-Wolfgang-Goethe-Universität in Frankfurt a. M. Er ist Direktor des Max-Bürger-Institutes für Alternsmedizin und Chefarzt des Taunus-Sanatoriums der Landesversicherungsanstalt Württemberg. Ferner ist er Präsident des Forschungskomitees für Gerontologie des UNESCO-Weltrates und Präsident des Kuratoriums der Karlsruher SENIOREN-Kongresse.

In der Taschenbuchreihe Goldmann RATGEBER »Senior« liegen bereits vor:

Volkmar Böhlau (Hrsg.): Senior und Erholung (10570)
Senior und Fitness (10572)
Senior – Heim und Ernährung (10573)

Senior und soziale Lage

Herausgegeben von
Prof. Dr. med. Volkmar Böhlau

WILHELM GOLDMANN VERLAG MÜNCHEN

7071 · Made in Germany 1977 · I · 115
© 1977 by Wilhelm Goldmann Verlag, München. Umschlagentwurf: Ilsegard Reiner. Satz und Druck: Presse-Druck Augsburg. Verlagsnummer: 10571
Sch/ho
ISBN 3-442-10571-4

Inhalt

Vorwort des Herausgebers 7

Die Verantwortung der Politik für unsere Senioren . . 9
Dr. Hermann Schmitt-Vockenhausen, Bonn

Sich als Mitmensch fühlen 15
Annemarie Griesinger, Stuttgart

Der ältere Arbeitnehmer – Risiko oder Chance? . . . 21
Waldemar Ahrens, Karlsruhe

Der ältere Arbeitnehmer im Wandel der Wirtschaft . . . 34
Peter-Kristian Ledig, Hannover

Die Alten haben keine Lobby 46
Dr. Gisela Kiesau, Düsseldorf

Die Rente als Ersatz für den Lohn 62
Hellmuth Hahn, Stuttgart

Die »garantierte« Altersversorgung 68
Direktor Manfred Beck, Karlsruhe

Das »Drei-Säulen-Konzept« der Altersversorgung . . . 75
Direktor Hans J. Großmann, Karlsruhe

Unsichere Sicherung – Mängel und Grenzen der sozialen
Sicherung im Alter 81
Dr. Rolf Thieringer, Stuttgart

Der Statistiker hat das Wort 92
Prof. Dr. Klaus Szameitat, Stuttgart

Nicht am Seniorenmarkt vorbeiplanen! 99
Dipl.-Kfm. Franz W. Fickel, Nürnberg

Trennung von alt und jung – ein ungelöstes Problem . . 107
Medizinaldirektor Dr. Erhard Ellwanger, Stuttgart

Das Kuratorium Deutsche Altershilfe 123
Dr. Sigrid Lohmann, Köln

Einrichtungen der Altenhilfe bei den freien Wohlfahrtsverbänden 135
Pfarrer Gerhard Schmücker, Nürtingen

Vorwort

Die soziale Lage des Seniors mit finanzieller Lage gleichzusetzen ist heute wohl nicht mehr zulässig.

Die Rentenreformen von 1957 und 1972/73 haben die Rente, die früher manchmal als »Gnadensold« angesehen wurde, zu dem gemacht, was sie ursprünglich war, zu einer »Rendite«: Rückzahlung in angemessenen Raten eines in einem langen Arbeitsleben angesammelten Kapitals. (Daß es dennoch unter unseren alten und älteren Mitbürgern noch echte Not gibt, wird niemand bezweifeln.)

Dennoch ist die soziale Lage unserer älteren Zeitgenossen nicht immer rosig. Auch jene, die finanziell unabhängig sind, leiden häufig unter einer Isolierung, weil sie aus dem tätigen Leben ausgeschaltet sind und keinen wirtschaftlich produktiven Faktor mehr darzustellen scheinen.

Hier ist im »Jahrhundert des Kindes«, in dem Jugend nicht als ein Lebensabschnitt, sondern gar zu gern als Verdienst angesehen wird, das Leben alter Menschen sehr oft nicht »integriert«, um ein modernes Schlagwort zu benutzen.

Der vorliegende Band, der vierte der Reihe Goldmann RATGEBER »Senior«, in dem führende Fachleute zu Worte kommen, soll nach den verschiedensten Richtungen hin Mängel und Versäumnisse darstellen und Möglichkeiten ihrer Beseitigung aufzeigen. Es werden keine Idealzustände ausgemalt, sondern vielmehr konkrete Verbesserungsvorschläge ausgearbeitet, die realisierbar wären, wenn sich die Senioren als die unmittelbar Betroffenen stärker bei den entsprechenden Institutionen für ihre eigenen Belange einsetzen würden.

Wieder enthält dieser Band im wesentlichen Vorträge, die auf dem Kongreß »Senioren '74« in Karlsruhe gehalten wurden. Einige Ergänzungen wurden herangezogen.

Auch hier dankt der Herausgeber allen Mitarbeitern, die ihre

Beiträge bereitwillig zur Verfügung stellten. Wieder hat der Medizinjournalist Helmut Holscher die manchmal nicht ganz einfache Zusammenstellung und die redaktionelle Bearbeitung übernommen. Sein Bemühen war es, Überschneidungen auszuschalten, Wiederholungen nur dort zuzulassen, wo sie wegen der unterschiedlichen Betrachtungsweise reizvoll erschienen. So mag es gelungen sein, aus vielen Mosaiksteinchen ein lesbares, zusammenhängendes Ganzes zu machen.

Prof. Dr. med. Volkmar Böhlau
Bad Soden, im Januar 1977

Die Verantwortung der Politik für unsere Senioren

Dr. Hermann Schmitt-Vockenhausen
Vizepräsident des Deutschen Bundestages, Bonn

Daß das Altwerden in unseren Tagen ein gesellschaftliches Problem geworden ist, liegt an unserer Gesellschaftsstruktur. In der bäuerlichen und in der vom Bürgertum geprägten Gesellschaft früherer Jahrhunderte, die von der Großfamilie bestimmt wurden, existierten Alter und Altwerden nicht als Problem in der heutigen Form. Im Gegenteil: Durch das Eigentum, das sie bis ins hohe Alter in ihren Händen hielten, spielten die alten Menschen häufig noch eine verantwortliche und dominierende Rolle in der Gesellschaft und in der Familie – für viele junge Menschen, die auf Verantwortung und Entfaltung warteten, sogar oft zu lange.

Die Industriegesellschaft hat nun eine Situation gebracht, in der die Produktivität des Menschen den höchsten Stellenwert erhielt. Der Produktionsvorgang mußte ungestört laufen. Die Menschen, die nicht mehr voll leistungsfähig waren, wurden nebenhin gesetzt. Der Mensch wurde zur Arbeit angehalten, solange er noch etwas leisten konnte. Im Grunde galt er nichts mehr, wenn er ausgelaugt war; er wurde einfach ausrangiert. Dies ging Hand in Hand mit der Ablösung der Großfamilie als Wirtschaftsgemeinschaft durch die Kleinfamilie und deren Vorrangstellung.

Seit damals waren die alten Menschen allenfalls noch als willkommene Haushaltshilfe und als Unterstützung bei der Versorgung der Kinder geschätzt. Vor allem die finanzielle Beengtheit, auch in der Altersversorgung, gab ihnen aber keinen Raum für eine wirkliche Gestaltung eines neuen Lebensabschnitts, zumal die Probleme, die früher gar nicht auftreten konnten, erst durch die Industriegesellschaft aufgekommen sind.

Andererseits haben die Industriegesellschaft und die Produktivität, also erst die moderne Entwicklung, den Lebensstandard derart angehoben, daß es den alten Menschen heute möglich ist, das Alter als einen sinnvollen Lebensabschnitt zu begreifen und auszufüllen:

- Die erste Voraussetzung, die Staat und Gesellschaft schaffen mußten, war die finanzielle Sicherung des alten Menschen. Wir können heute sagen, daß diese politische Aufgabe mit der Rentenreform des Jahres 1957 und insbesondere der ergänzenden 2. Rentenreform aus dem Jahre 1972 erfüllt ist.
- Die Krankenversorgung hat durch gesetzliche Maßnahmen einen weiterentwickelten Leistungsstand erreicht, der die Feststellung zuläßt, daß die Krankenversorgung der alten Menschen gesichert ist.
- Es ist auch die Feststellung erlaubt, daß die Zahl der Altenheime, Altenwohn- und Pflegeheime größer geworden ist.

Eine wesentliche Bedingung für einen erfüllten Lebensabend in Gesundheit und Zufriedenheit stellt das altersgerechte Wohnen dar. Dabei wird dem überall erkennbaren Streben des alten Menschen nach eigenständigem Lebensraum, nach Selbständigkeit und weitgehender Beibehaltung der eigenen Haushaltsführung besonderer Wert beizumessen sein. Generell kann gesagt werden, daß die modernen Wohn- und Lebensbedingungen der alten Bürger aus deren Vorstellungen und Bedürfnissen ermittelt werden müssen. Dabei wird sich herausstellen, daß ein Teil der alten Bürger auch heute noch an die Familie gebunden bleiben will und wird, obwohl die Mehrgenerationsfamilie der vorindustriellen Gesellschaft nicht wiederaufleben wird. Der größere Teil der Senioren erstrebt unabhängige Lebensverhältnisse (Frauen mit eigenem Haushalt usw.), wenn auch mit besonderen Hilfen und Sicherheiten. Zu den Wohn- und Lebensbedingungen haben heute die meisten alten Menschen drei Wünsche, die ich bereits anklingen ließ:

1. Solange wie möglich selbständig zu sein,

2. mitten in der Öffentlichkeit (und damit in der Gesellschaft) und nicht isoliert zu leben,

3. Hilfe, Betreuung und Sicherheit für den Fall der Hinfälligkeit zu haben.

Dem Verlangen nach Selbständigkeit entspricht vor allem die »altersgerechte« Wohnung. Sie muß nach Lage, Größe, Grundriß und Einrichtung dem Vermögen und den Bedürfnissen der alten Menschen entsprechen. Die Wohnlage selbst darf nicht zu einer Isolierung des alten Menschen führen; denn auch im höheren Alter ist der Mensch auf die Chance möglichst vieler Kontakte zur Umwelt angewiesen. Die in der Vergangenheit oft beschworene Ruhe, die für die alten Menschen notwendig sei, hat nicht selten zu einer gefährlichen Isolierung und Vereinsamung geführt. Deshalb kommt es darauf an, Altenwohnungen, wenn auch gruppiert, den allgemeinen Wohngebieten zuzuordnen. Altenwohnungen wie auch Heime dürfen nicht allzufern von Stadtkernen oder von den gewerblichen und kulturellen Zentren und Nebenzentren gebaut werden. Die alten Menschen dürfen sich nicht aus diesen Zentren abgeschoben fühlen. Im Mittelpunkt der Investitionsmaßnahmen der gesamten öffentlichen Hand für die zweite Hälfte der siebziger Jahre muß deshalb die Errichtung solcher Alteneinrichtungen stehen. Es muß angestrebt werden, eine ausreichende Zahl von Altenwohnheimen, Altenheimen, Altenpflegeheimen und Sonderaltenheimen zu schaffen, und die Modernisierung bereits vorhandener Einrichtungen vorgenommen werden. Dabei müssen die Politiker im Bund, in den Ländern und in den Städten und Gemeinden sehen und verstehen, daß der Bedarf an öffentlich finanzierten oder auch von freien Trägern mit öffentlicher Förderung errichteten Altenheimen und Altenwohnheimen stärker von dem Bestand an normalen Altenwohnungen beeinflußt wird. Im Interesse der Erhaltung der Selbständigkeit älterer

Menschen muß deshalb überall im Lande dem Altenwohnungsbau in Zukunft eine stärkere Förderung zuteil werden.

Um auch jene alten Menschen besser betreuen zu können, die außerhalb von Heimen leben, wird es zu den Aufgaben der Politiker in Bund, Ländern und Gemeinden gehören, im Rahmen der halboffenen Altenhilfe Altenberatungsstellen, Altentagesstätten, stationäre Mahlzeitdienste, Altenerholungseinrichtungen und Altenwerkstätten zu schaffen. Gerade die sinnvollen Maßnahmen zur Altenerholung können Vereinsamung abwehren und die Bereitschaft zur aktivierten Lebensgestaltung fördern.

Eine große Hilfe für die alten Menschen in unserem Lande wird die vermehrte *Einrichtung von Beratungs- und Informationsdiensten* sein, die in einigen Städten und Gemeinden bereits eingerichtet sind und sehr stark von den alten Mitbürgern frequentiert werden. Eine Förderung dieser Einrichtungen sollte mit zu den sozial-politischen Aktivitäten der Gemeinden, der Länder und des Bundes gehören.

Eine weitere Aufgabe ist den Politikern gestellt: Untersuchungen und Befragungen bestätigen eine verbreitete Sorge um die im Alter leider vielfach beeinträchtigte Gesundheit. Es mußte festgestellt werden, daß die Zahl der chronisch-kranken, pflegebedürftigen alten Menschen bedeutend höher ist, als bisher angenommen wurde. Deshalb müßten als Prophylaxe und Abwehr gegen Alterserkrankungen gezielte Vorsorgeuntersuchungen, Vorschläge für eine gesunde Lebenshaltung und altersgerechte Ernährung entwickelt werden.

Über alle materiellen Fragen hinaus wird es für die Politiker aber entscheidend darauf ankommen, diese Voraussetzungen in einer Weise nutzbar zu machen, daß die alten Menschen sich wieder mehr als Teil unserer Gesellschaft fühlen, daß sie also nicht mehr das Gefühl haben, von der Gesellschaft allein gelassen zu werden. Es ist notwendig, daß Wissenschaft und Politik in diesem Punkt gemeinsam vorgehen. Aus meiner Sicht ist es erforderlich, zunächst bei den alten Menschen, aber auch bei denen, die in absehbarer Zeit dazu gezählt werden, ein Problembewußtsein zu schaffen, das einhergeht mit einer gezielten Vorbereitung auf das Alter. Es kommt nicht darauf an, den alten Menschen nur abseits des geschäftigen Lebens zu behüten und zu versorgen, sondern darauf, daß sein Leben, insbesondere dieser späte Lebensabschnitt, sinnvoll abläuft.

Als Übergang von einem Lebensabschnitt in den anderen messe ich in diesem Zusammenhang der flexiblen Altersgrenze eine besondere Bedeutung bei. Wir müssen dafür Sorge tragen, daß die alten Menschen auch nach ihrem Ausscheiden aus dem Berufsleben weiterhin die Möglichkeit haben, sich durch manuelle, sportliche und sonstige Betätigungen zu beschäftigen. Auch in unserer Zeit der Kleinfamilie müssen Wege gesucht werden, die sicherstellen, daß der Familienzusammenhalt nicht völlig verlorengeht.

Die Isolierung des alten Menschen zu verhindern, ihn nicht in die Einsamkeit zu drängen, müssen die Politiker als ihre Hauptaufgabe ansehen. Dazu gehört, daß sie den Menschen, die noch mitten im Leben stehen, dieses Problem klar vor Augen führen. Sie müssen ihnen klarmachen, daß jeder mithelfen kann, die seelische Not der alten Menschen zu lindern oder zu beseitigen.

Die Politiker haben aber auch darauf zu achten, daß die alten Menschen das Gefühl behalten, aufgrund ihrer Arbeitsleistung im Leben einen gesicherten Rückhalt im Alter erworben zu haben. In diesem Zusammenhang wird eine Stabilitätspolitik, die das Lebenswerk der alten Menschen sichert, an erster Stelle zu nennen sein.

Rentenerhöhungen helfen dazu entscheidend; aber auch die Politik der Wiederherstellung der Stabilität ist als ein Stück Politik für unsere Senioren anzusehen. Ganz wesentlich ist schließlich, daß alle diese Fragen in den politischen Alltag einmünden. Dabei sollte jeder Politiker sich vor Augen halten, daß die alten Menschen eine zahlenmäßig große Gruppe in der Gesamtbevölkerung bilden; und die Politiker sollten nicht vergessen, daß die alten Leute von dieser Zahl bei Wahlen Gebrauch machen und so ihr politisches Gewicht deutlich machen können.

Sich als Mitmensch fühlen

ANNEMARIE GRIESINGER
Ministerin für Arbeit, Gesundheit und Sozialordnung des Landes
Baden-Württemberg, Stuttgart

Der Politiker braucht für Planungen und Entscheidungen heute dringender denn je wissenschaftlich gesicherte Erkenntnisse über die gesundheitliche, soziale und wirtschaftliche Situation alter Menschen. Trotz aller beachtenswerten Erfolge in der Medizin sind wir alle – und nicht nur der alte Mensch – von Krankheiten bedroht. Wer die Zahl derer, die vorzeitig infolge Frühinvalidität ihren Arbeitsplatz aufgeben müssen, sieht, wird feststellen, daß in der Medizin noch vieles getan werden muß.

Der Begriff des Alterns ist nicht frei von Werturteilen. Das Denken und Werten der Gesellschaft ist leistungsbezogen. Was zählt, ist das Neue und Moderne. Die geistige und berufliche Flexibilität des einzelnen muß täglich bewiesen werden. Die Überbetonung der Jugend – auch in der Werbung – trägt sehr stark zu den bekannten Klischeevorstellungen über das Alter bei. Im Leistungssport gelten diejenigen Frauen und Männer bereits als »Senioren«, die von den älteren Menschen als jung und im Vollbesitz ihrer geistigen und körperlichen Kräfte angesehen werden.

Wir können das Alter aber nur dann unbelastet von Ängsten und Emotionen betrachten, wenn wir es als einen Abschnitt sehen, der zum Leben gehört.

KOTSOVSKY sagt dazu: »Leben heißt sich entwickeln. Sich entwickeln bedeutet den Übergang aus einer Altersstufe in die andere. Also bedeutet Leben – Alter.«

In lyrischer Form hat uns HERMANN HESSE ähnliche Gedanken in seinem Gedicht »Lebensstufen« überliefert. Die Grundprobleme unseres menschlichen Daseins bleiben auch im Alter, es ist uns aber aufgegeben, innerlich mit dem Lebensalter zu wachsen, zu reifen und der Vollendung zuzustreben.

Erst langsam scheint sich das Image des alten Menschen in der Öffentlichkeit zu verbessern. Reizworte wie »Rollenverlust«, »Pensionierungstod«, »Isolierung« und »Vereinsamung« beeinflußten das Selbstverständnis älterer Menschen äußerst negativ. Neuere Untersuchungen zeigen auf, daß die Lebenssituation des älteren Bürgers keineswegs so düster ist, wie sie oft dargestellt wird. Zur Selbsthilfe sind heute dreiviertel der älteren Menschen in der Lage, und nur etwa zehn bis fünfzehn Prozent benötigen eine Betreuung, davon etwa fünf bis sechs Prozent in einem Heim. Die positive Bewältigung des Alters hängt einerseits von der eigenen Einstellung und dem Leistungsvermögen, andererseits aber von der Hilfestellung ab, die die Gesellschaft dem einzelnen zu geben vermag.

Obwohl die Hälfte derjenigen älteren Menschen, die Kinder haben, mit diesen zusammenleben, und ein noch höherer Prozentsatz ständig Kontakt mit seinen Kindern hat, zeigt es sich, daß das Verhältnis der Generationen zueinander anders geworden ist. Für ein Viertel der älteren Menschen jedoch ist der Zwei- oder Drei-Generationenhaushalt nicht zu verwirklichen, weil die nachfolgende Generation fehlt. Für sie fehlen auch die Möglichkeiten, auf familiäre Hilfen zurückzugreifen.

Lange Zeit blieb unberücksichtigt, daß es insbesondere Frauen sind, die der Hilfe im Alter bedürfen. Die Statistik sagt aus, daß es wesentlich mehr Frauen als Männer über 65 Jahre gibt. In Baden-Württemberg waren im Jahre 1972 68 Prozent der Frauen von über 65 Jahren, aber nur 24 Prozent der Männer alleinstehend. Der Anteil der Frauen an der Altenbevölkerung wird in den nächsten Jahren noch weiter zunehmen.

Die über 65 Jahre alten Bürger des Landes Baden-Württemberg haben bereits jetzt einen Anteil von 12 Prozent an der Gesamtbevölkerung. Bis zum Jahre 1980 wird der Anteil der über 65jährigen an der Gesamtbevölkerung knapp 13 Prozent betragen.

Im Juli 1973 wurde vom Baden-Württembergischen Ministerium für Arbeit, Gesundheit und Sozialordnung die Denkschrift »Altenhilfe in Baden-Württemberg« herausgegeben. Sie soll vorrangig aufzeigen, welche Aktivitäten sich bisher auf dem Gebiet der gesamten Altenhilfe entwickelt haben. Gleichzeitig weist sie auf die Aufgaben hin, die in naher oder ferner Zukunft auf uns zukommen.

Eine immer größere Bedeutung kommt der Vorbereitung auf den Ruhestand und der Information generell zu.

Eine kleine Broschüre, betitelt »Das Seniorenprogramm«, soll in Heimen für alte Menschen und Altenklubs verteilt werden. Mit dieser Schrift wollen wir schlicht informieren, um mitzuhelfen, geheime Ängste älterer Menschen abzubauen und ihnen die Scheu zu nehmen, Hilfsmöglichkeiten zu erkennen und für sich in Anspruch zu nehmen.

Ein Schwerpunkt der Altenpolitik des Landes wie des Bundes dient dem Ausbau der offenen Hilfen. Die Ergebnisse der wissenschaftlichen Altersforschung und die Praxis der Altenbetreuung haben uns die Erkenntnisse übermittelt, daß die Lebensumstände der alten Menschen und damit ihre Bedürfnisse sehr unterschiedlich sind. Das vielfältige Angebot der offenen Hilfen in Form von Altenberatung, Altenbegegnungsstätten und Altenklubs, Altenveranstaltungen, Essenszubringerdiensten sowie häusliche und pflegerische Dienste müssen sich daran orientieren.

Ein besonderes Anliegen ist es, die bereits vorhandenen offenen Hilfen in sogenannten »Sozialstationen« zusammenzufassen. In diesen Stationen sollen die Krankenpflege, die Altenpflege und die Haus- und Familienpflege kooperativ zusammenwirken und differenziertere Hilfsmaßnahmen anbieten. Gemäß den Erfordernissen am Ort und dem Ideenreichtum der Träger dieser Sozialstationen ist keine Schranke gesetzt, weitere Dienste anzugliedern. Erste und wichtige Erfahrungen werden in Modell-Sozialstationen gewonnen. Ziel muß es sein, ein Netz sozialer Dienstleistungszentren im ganzen Lande zu schaffen, die die häusliche Versorgung älterer Menschen gewährleisten. Es ist erforderlich, daß im Durchschnitt sechs Heimplätze für hundert über 65jährige vorhanden sind, und zwar zwei Plätze im Altenwohnheim, zwei Plätze in Altenheimen und zwei Plätze in Altenpflegeheimen. Während im Landesdurchschnitt Altenheimplätze in ausreichender Zahl vorhanden sind, fehlen insbesondere Altenwohnheim- und Altenpflegeheimplätze. Um auch hier zu aktuellem Zahlenmaterial zu gelangen, hat in sämtlichen Einrichtungen der Altenhilfe in Baden-Württemberg eine umfassende Erhebung begonnen.

Die Altenhilfe muß auch zukünftig eine Aufgabe aller gesellschaftlichen Gruppen sein und bleiben. Der Staat kann anregen und fördern. Bei anderer Gelegenheit habe ich geäußert – und ich will es hier noch einmal wiederholen –, »... daß wir nicht weniger Staat, sondern mehr Eigeninitiative wollen. Das eine soll das andere ergänzen, aber nicht ablösen«.

Wirksame Hilfen müssen immer schnell, unbürokratisch und so erfolgen, daß sie den anderen weder in seinem Selbstgefühl noch in seinem Selbstbild verletzen. Wesentlich ist ferner die Aktivierung der kleinen sozialen Gemeinschaften – der Familie und der Nachbarschaft.

Jeder Mitbürger ist aufgerufen, sich als Mitmensch mit den Problemen der älteren Generation auseinanderzusetzen. Über spontane Regungen und Aktionen hinaus sollte jeder sich seinen eigenen »Altenplan« machen und sich realistisch auf das Alter vorbereiten. Eigenverantwortung und der Wille, sich im Rahmen der Möglichkeiten auch selbst helfen zu wollen, müssen dabei im Vordergrund stehen.

Der Staat und alle gesellschaftlichen Gruppen haben die Verpflichtung, vor allem denjenigen alten, kranken und hochbetagten Menschen Schutz und vielfältige Unterstützung zu geben, die aus eigener Kraft nicht in der Lage sind, ihre Probleme zu meistern. Dies muß jedoch unter Wahrung der Unabhängigkeit und Eigenständigkeit des einzelnen geschehen.

Ziel einer modernen Altenpolitik sollte es sein, deutlich zu machen, daß ältere Menschen nicht eine besondere Gruppe sind. Sie gehören zu uns, so, wie die Jugend zu unserem Leben gehört.

Es muß unser gemeinsames Anliegen sein, das Los der älteren Bürger weiter zu verbessern und ihnen die Gewißheit zu geben, daß sie in jedem Lebensalter mit der Hilfe und Solidarität der Gemeinschaft rechnen können.

Der Staat, der die Verpflichtung hat, betagten Menschen Unterstützung angedeihen zu lassen, und der aufgerufen ist, es schnell und unbürokratisch zu tun – was tut der? Handelt es sich nicht vor allem darum, denen, die noch nicht die Altersgrenze erreicht haben, einen Arbeitsplatz zu sichern oder zu schaffen?

Wie das Instrument dieses Staates, das Arbeitsamt, seinen Teil zu dieser Aufgabe beitragen könnte und kann, wie es das Betriebsverfassungsgesetz handhabt, das zeigt in seinem Beitrag der Direktor eines Baden-Württembergischen Arbeitsamtes, der Leitende Verwaltungsdirektor Waldemar Ahrens, *Karlsruhe. Er weist vor allem auf die Fortbildungs- und Umschulungsmöglichkeiten hin, die oft noch nicht genügend ausgenutzt werden, weil die Betroffenen sie nicht kennen.*

Hier tut Aufklärungsarbeit dringend not. Der Beitrag wendet sich nicht nur an die Leiter von industriellen und handwerklichen Betrieben, sondern vor allem an die Senioren selbst, die ihre Chance nutzen könnten. Hier sollte Eigeninitiative einsetzen. »Auf die Erfahrung allein kommt es nicht an!« sagt Ahrens. *»Aber ebensowenig bringt Jungsein die Lösung. Eine sich gegenseitig ergänzende Zusammenarbeit ist notwendig.«*

Und, so möchte man hinzufügen: Dieser Wille zur Zusammenarbeit kann nicht allein von den Jüngeren und schon gar nicht von den amtlichen und staatlichen Stellen ausgehen.

Der ältere Arbeitnehmer – Risiko oder Chance?

Waldemar Ahrens
Leitender Verwaltungsdirektor des Arbeitsamts Karlsruhe

Dem Arbeitsmarktpolitiker fällt eine Antwort auf die Frage, von welchem Alter an ein abhängig Beschäftigter als »älterer Arbeitnehmer« zu bezeichnen ist, sehr schwer. Er müßte sicherlich mehrere Altersgrenzen angeben, je nach Beruf, Tätigkeit und Leistungsvermögen. Dies einfach deshalb, weil das biologische Alter eines Menschen nicht unbedingt ein Indiz für die manuelle oder geistige Leistungsfähigkeit im Beruf ist und sicherlich auch nicht sein wird. Der Beweis dafür sind die vielen Fälle, in denen höchste berufliche Leistungen erst im hohen Alter erreicht wurden. Man denke nicht zuletzt an die großen Leistungen des verstorbenen Bundeskanzlers Adenauer im hohen Alter.

Wenn wir vom Alter sprechen, müssen wir also neben dem biologischen Alter auch das Leistungsalter des Menschen sehen. Das Leistungsalter, das in seiner Höhe sehr unterschiedlich liegen kann, muß nicht unbedingt an das biologische Alter gebunden sein. Es wird bestimmt durch die geistige, körperliche und seelische Leistungsfähigkeit. Es wird aber auch bestimmt durch die spezifischen Anforderungen eines Berufes. Selbstverständlich spielt das biologische Alter des abhängig Beschäftigten in der Wirtschaft eine große Rolle. Es wird nur zu oft zum alleinigen entscheidenden Kriterium bei personellen Entscheidungen gemacht. Das Alterskriterium spielt nicht nur bei Einstellungen eine große Rolle, es spielt auch eine Rolle bei Beförderungen und Entlassungen. Diesen altersbezogenen Kriterien im Bereich der personellen Entscheidungen heißt es entgegenzuwirken. Ein solches Entgegenwirken ist nicht nur aus sozialen Erwägungen erforderlich, es ist in gleichem Maße aus volkswirtschaftlichen Überlegungen heraus dringend vonnöten.

Wenn ich als Arbeitsmarktpolitiker Zahlen nenne, die die Altersgruppe der 45- bis 65jährigen betreffen, so will ich damit nicht aussagen, daß ältere Arbeitnehmer in aller Regel Menschen ab 45 Jahre sind. Ich habe bei meinen Betrachtungen die Gruppe der 45jährigen und älteren gewählt, weil
- nur für diese Gruppe gutes statistisches Material zur Verfügung steht und
- weil ab 45 Jahren gewisse altersbedingte Schwierigkeiten bei der Vermittlung von Arbeit festzustellen sind.

Die Altersgliederung

Bevor man über die Probleme der älteren Arbeitnehmer spricht, sollte man sich ein Bild von ihren Größenordnungen machen. Das Institut für Arbeitsmarkt- und Berufsforschung veröffentlichte in den Heften 28/1972 und 29/1972 der »Materialien aus der Arbeitsmarkt- und Berufsforschung« interessante Zahlen. Danach wird sich die Anzahl aller inländischen Arbeitnehmer auf 20,3 Millionen im Jahr 1980 erhöhen. Vergleichen wir dieses Erwartungsergebnis des Jahres 1980 mit der Zahl der inländischen Arbeitnehmer des Jahres 1968, so haben wir absolut eine Zunahme von 1,4 Millionen Arbeitnehmern und relativ eine Zunahme von 7 Prozent (1968 = 18,9 Millionen inländischer Arbeitnehmer). Von diesen 20,3 Millionen inländischen Arbeitnehmern des Jahres 1980 werden 6,2 Millionen zu der Gruppe der 45- bis 65jährigen gehören.

Ich wiederhole: Die absolute Zunahme der inländischen Arbeitnehmer wird von 1968 bis 1980 1,4 Millionen betragen. Es interessiert nun, in welchem Umfang die 45- bis 65jährigen inländischen Arbeitnehmer an dieser Zunahme beteiligt sein werden. Der Anteil ist überraschend hoch. Von der gesamten Zunahme um 1,4 Millionen werden die 45- bis 65jährigen auf sich einen Anteil von 900 000 vereinigen, so daß der Anteil der bis 45jährigen inländischen Arbeitnehmer nur um rund 500 000 betragen wird. Man erkennt aus diesen Zahlen, daß wir es jetzt und zukünftig besonders mit dem Problem der älteren Arbeitnehmer zu tun haben werden. Wir müssen dafür sorgen, daß den 45- bis 65jährigen inländischen Arbeitnehmern heute und den 6,2 Millionen des Jahres 1980 die Existenzangst genommen wird.

Das soziale Problem

Um dafür zu sorgen, gingen und gehen zahlreiche Impulse von den verschiedensten Stellen aus – so auch von der »Zweiten Sozialpolitischen Gesprächsrunde« im Bundesministerium für Arbeit und Sozialordnung. Generalthema dieser Gesprächsrunde war das soziale Problem älter werdender Arbeitnehmer. Die Beteiligten dieser Gesprächsrunde stimmten darin überein, daß die Probleme älter werdender Arbeitnehmer nur in Zusammenarbeit des Staates mit den autonomen Gruppen gelöst werden können. Sie stimmten auch darin überein, daß gesetzgeberische Maßnahmen allein nicht genügen, sondern daß alle großen gesellschaftlichen Gruppen auf ihrem Feld an der Lösung der sozialen Probleme der älteren Menschen mitarbeiten müssen.

Welcher Art sind die Probleme der älteren Arbeitnehmer? Sie sind vor allem darin zu sehen, daß sie in ihrem beruflichen Wettbewerb spürbar eingeschränkt werden. Dies trifft zu bei der Bewerbung um eine neue Stelle, dies trifft aber auch zu im betrieblichen Wettbewerb selbst. So wird den älteren Arbeitnehmern nachgesagt, sie hätten eine im Durchschnitt geringere Leistungsfähigkeit. Diese geringere Leistungsfähigkeit ergäbe sich aus
– einer geringeren Anpassungsmöglichkeit an das Tempo einer Maschine oder einer Arbeitsgruppe,
– einer mit zunehmendem Alter nachlassenden Sinnes- und Gedächtnisleistung,
– einer geringeren Tauglichkeit für schwere Muskelarbeit und für besondere Nervenbelastung.

Es wird ihnen auch eine im Durchschnitt geringere Umstellungs- und Anpassungsfähigkeit, verbunden mit einer im Vergleich zu den Jüngeren geminderten Lenkbarkeit (Starrheit) nachgesagt. Die Behauptungen gehen auch dahin, daß die älteren Arbeitnehmer im Durchschnitt stärker für Krankheiten und damit für Ausfälle anfällig seien als die jüngeren.

Ich kann und will nicht abstreiten, daß solche Gründe mitunter berechtigt sind. Ich bestätige aber keinesfalls, daß solche Gründe in der Regel gegeben sind. Neben diesen angeblich in der Person des älteren Arbeitnehmers liegenden Gründen gibt es primär gesellschaftlich bedingte Faktoren, die ins Feld geführt werden.
– Das höhere Risiko bei der Einstellung älterer Arbeitnehmer, da einer Kündigung solcher Personen moralische und soziale Bedenken entgegenstehen.
– Daß höhere Personalkosten für ältere Arbeitnehmer überall dort anfallen, wo Löhne und Gehälter unter sonst gleichen Bedingungen mit zunehmendem Alter steigen (vor allem bei Angestellten).
– Daß mit zunehmendem Alter in jedem Fall eine Leistungsminderung einhergehe.

Auch hier will ich die Argumente nicht allgemein in Abrede stellen. Ich weiß aber auch, daß diese Argumente in der Regel nicht begründet sind. Diese Meinung stütze ich unter anderem auch auf eine im Jahr 1970 abgeschlossene Untersuchung über den Forschungsstand zu dem Thema »Lebensalter und Leistungsfähigkeit am Arbeitsplatz in hochtechnisierten Produktionsbereichen«. Diese Untersuchung hat ergeben, daß der ältere Arbeitnehmer im Vergleich zu anderen Beschäftigten nicht grundsätzlich weniger, sondern qualitativ anders leistungsfähig ist. Gewiß, ältere Arbeitnehmer erreichen bezüglich ihrer körperlichen und nervlichen Dauerbelastbarkeit, ihres Arbeitstempos und ihres Reaktionsvermögens nicht immer die Leistungen der jüngeren, sie haben aber dafür andere Qualitäten gegenüber den jüngeren.

Größere Zuverlässigkeit, Gründlichkeit und starkes Verantwortungsbewußtsein sind Eigenschaften, die sie in der Regel in besonderem Maße besitzen.

Ich fasse zusammen:

Die älteren Arbeitnehmer, besonders auch ältere Angestellte, müssen im Leistungsbild und im Charakterbild jüngeren gegenüber als durchaus gleichwertig gelten. Dabei billige ich den älteren Arbeitnehmern zu, daß sie in bezug auf leitende Tätigkeit, Erfahrung, Konzentration, Wissen, selbständiges Handeln, Betriebstreue und Verantwortungsgefühl den jüngeren überlegen sind. Der Objektivität sollte immer Vorrang eingeräumt werden. Deshalb stelle ich auch fest, daß die jüngeren Arbeitnehmer hinsichtlich der Arbeitsmenge, des raschen Handelns, der körperlichen Kraft, der Aktivität, Lenkbarkeit und auch der Strebsamkeit den älteren mitunter überlegen sind. Aber gerade diese objektive Gegenüberstellung zeigt doch, daß im betrieblichen Gesamtablauf jüngere und ältere Arbeitnehmer sich sehr gut ergänzen können. Dieser Ergänzungseffekt könnte im Betrieb durch eine zielstrebige Personalplanung erreicht werden. Diese Personalplanung muß nach der Ansicht der Bundesregierung zu einem festen Element der Betriebsverfassung werden.

Das Betriebsverfassungsgesetz verfolgt unter anderem das Ziel der Personalplanung. Ich erinnere an den § 75. Danach haben Arbeitgeber und Betriebsrat darauf zu achten, daß Arbeitnehmer nicht wegen Überschreitung bestimmter Altersstufen benachteiligt werden. Weiter heißt es an gleicher Stelle, daß Arbeitgeber und Betriebsrat die freie Entfaltung der Persönlichkeit der im Betrieb beschäftigten Arbeitnehmer zu schützen und zu fördern haben.

In § 80 wird gesagt, daß unter anderem der Betriebsrat die Aufgabe hat, die Beschäftigung älterer Arbeitnehmer im Betrieb zu fördern.

Ich kann Sie noch an die § 81 (Unterrichtspflicht des Arbeitgebers), § 87 (Mitbestimmungsrecht), § 90 (Unterrichtungs- und Beratungsrecht), § 92 (Personalplanung), § 93 (Ausschreibung von Arbeitsplätzen), § 95 (Auswahlrichtlinien), § 98 (Durchführung betrieblicher Bildungsmaßnahmen) und § 102 (Mitbestimmung bei Kündigungen) erinnern. Hier ist ein Instrument geschaffen worden, das geeignet ist, auch dem älteren Arbeitnehmer Hilfe zu geben.

Die Hilfen der Bundesanstalt für Arbeit

Nach § 1 des Arbeitsförderungsgesetzes (AFG) ist es die Zielsetzung dieses Gesetzes:

- einen hohen Beschäftigungsstand zu erzielen und aufrechtzuerhalten,
- die Beschäftigungsstruktur ständig zu verbessern und
- damit das Wachstum der Wirtschaft zu fördern.

Wenn das Gesetz die Erzielung und Aufrechterhaltung eines hohen Beschäftigungsstandes vorschreibt, dann schreibt es dies auch für den älteren Arbeitnehmer vor. Der § 2 des AFG gibt die arbeitsmarktpolitischen Zielsetzungen wieder. Hier wird unter anderem bestimmt, daß die Maßnahmen nach dem Gesetz dazu beizutragen haben, daß

- weder Arbeitslosigkeit und unterwertige Beschäftigung eintreten oder fortdauern darf
- ältere und andere Erwerbstätige, deren Unterbringung unter den üblichen Bedingungen des Arbeitsmarktes erschwert ist, beruflich eingegliedert werden.

Es ist zu erkennen, daß der Gesetzgeber hinsichtlich der Fürsorge und der Vorsorge für die älteren Arbeitnehmer der Bundesanstalt für Arbeit klare Weisungen gegeben hat. Um diese gesetzlichen Aufgaben erfüllen zu können, wird der Arbeitsmarkt unter dem besonderen Aspekt älterer Arbeitnehmer laufend beobachtet. Dies geschieht

- mindestens einmal im Jahr durch eine systematische Untersuchung über die Struktur der Arbeitslosigkeit
- durch die Vorlage von Untersuchungsergebnissen zur Situation der älteren Arbeitnehmer durch das Institut für Arbeitsmarkt- und Berufsforschung der Bundesanstalt
- durch Beobachtung der Teilarbeitsmärkte durch die Arbeitsämter und Auswertung der Beobachtungsergebnisse in Form von Berichten
- durch partnerschaftliche Dialoge mit der Wirtschaft, den Gewerkschaften und sonstigen Organisationen des sozialen und wirtschaftlichen Lebens.

Auch aus der Summierung von Einzelschicksalen lassen sich – bei vorsichtigem Vorgehen – Trends hinsichtlich der Haltung gegenüber den älteren Arbeitnehmern erkennen. So ist zum Beispiel heute der Trend zu erkennen, ältere Arbeitnehmer bei Gewährung mitunter großzügiger Abfindungen vor Erreichung der Altersgrenze, auch vor Erreichung der flexiblen Altersgrenze freizustellen. Konkret bietet die Bundesanstalt den arbeitslosen älteren Arbeitnehmern die ganze Skala der Hilfe an, die das AFG beinhaltet.

Arbeitsberatung und Förderung

Es ist ein Vorzug des AFG, daß nun der beruflichen Fortbildung älterer Arbeitnehmer als einem Mittel der Wiedereingliederung eine große Bedeutung beigemessen wird. Das AFG sieht ausdrücklich die Förderung der Teilnahme an Fortbildungsmaßnahmen vor, die auf die Wiedereingliederung älterer Arbeitsuchender in das Berufsleben gerichtet sind. Da die Fortbildungsmaßnahmen in der Regel die Anpassung an veränderte berufliche Anforderungen anstreben, sind diese Maßnahmen in vielen Fällen geeignet, die Wiedereingliederung älterer Arbeitsloser in das Berufsleben zu erleichtern oder überhaupt erst zu ermöglichen. Die Bundesanstalt für Arbeit hat aber nicht nur die Aufgabe, Arbeitslosigkeit zu beseitigen, sie hat auch die Aufgabe, den Eintritt von Arbeitslosigkeit zu verhindern. Der ältere Arbeitnehmer kann die Bundesanstalt für Arbeit in diesem Bemühen unterstützen und sich selbst vor Arbeitslosigkeit schützen, wenn er von dem reichlichen Angebot beruflicher Fortbildung Gebrauch macht.

Der ältere Arbeitnehmer sollte bedenken, daß die Bundesanstalt für Arbeit ihn während der Teilnahme an Fortbildungsmaßnahmen finanziell so stellt, daß er ohne wesentliche Einbußen seinen Lebensstandard halten kann.

Der Objektivität wegen möchte ich feststellen, daß die Probleme der älteren Arbeitnehmer in der Wirtschafts- und Arbeitswelt so komplexer Natur sind, daß sie sich nicht vorrangig und allein mit Bildungsmaßnahmen lösen lassen.

Einarbeitungszuschüsse

Als eine Maßnahme der beruflichen Umschulung gewährt die Bundesanstalt für Arbeit nach § 49 AFG Einarbeitungszuschüsse. Diese Einarbeitungszuschüsse werden für Arbeitnehmer gewährt, die eine volle Arbeitsleistung erst nach einer Einarbeitung am Arbeitsplatz erreichen können. Der Einarbeitungszuschuß richtet sich nach dem Unterschied zwischen der zunächst verminderten Leistung und der angestrebten vollen Leistung. Der Einarbeitungszuschuß darf für die gesamte Einarbeitungszeit 60 Prozent des tariflichen Entgelts nicht übersteigen und soll nicht länger als ein Jahr gewährt werden.

Arbeitsbeschaffung

Die Älteren kennen noch die alten Notstandsarbeiten im Rahmen der »Wertschaffenden Arbeitslosenhilfe«. Diese Vorschriften wurden im AFG durch die Vorschriften der §§ 91–96 – Allgemeine Maßnahmen zur Arbeitsbeschaffung – abgelöst. Geblieben ist die Absicht des Gesetzgebers, durch diese Maßnahmen älteren Arbeitnehmern zu Arbeit zu verhelfen, denn nach § 91 sind im Rahmen dieser Maßnahmen Arbeiten zu fördern, die geeignet sind, Arbeitsgelegenheiten für langfristig arbeitslose ältere Arbeitnehmer zu schaffen.

Lohnkostenzuschüsse

Hinsichtlich der Arbeitsbeschaffung für ältere Arbeitnehmer sind auch die Vorschriften der §§ 97 ff. AFG von Bedeutung. Nach diesen Vorschriften kann die Bundesanstalt für Arbeit Arbeitgebern zu den Lohnkosten älterer Arbeitnehmer, die zusätzlich eingestellt und beschäftigt werden, Zuschüsse gewähren. Auch hier ist das arbeitsmarktpolitische Ziel, die Arbeitslosigkeit älterer Arbeitnehmer zu beenden.

Institutionelle Förderung

Im Rahmen der institutionellen Förderung von Arbeitsbeschaffungsmaßnahmen kann gemäß § 98 AFG die Bundesanstalt für Arbeit Betriebe fördern, die eine sich ausweitende Dauerarbeitslosigkeit unter den älteren Arbeitnehmern durch Schaffung neuer Arbeitsplätze beheben wollen. Dieses Ziel will die Bundesanstalt für Arbeit durch die Gewährung von Darlehen oder Zuschüssen erreichen, die zum Aufbau, zur Erweiterung und zur Ausstattung von Betrieben und Betriebsabteilungen zu verwenden sind.

Förderung der Arbeitsaufnahme

Um Hemmnisse bei der Arbeitsaufnahme zu beseitigen, bewilligen die Arbeitsämter großzügig finanzielle Hilfen zur Förderung der Arbeitsaufnahme. Es werden erstattet: Bewerbungskosten, Reisekosten und Umzugskosten. Auch werden Zuschüsse zur Arbeitsausrüstung gezahlt. Auf dem Programm stehen ferner Trennungsbeihilfen, wenn die Arbeitsaufnahme die Fortführung eines getrennten Haushalts erfordert, und Überbrückungsbeihilfen bis zur Dauer von zwei Monaten.

Eingliederungsbeihilfen

Die Vorschriften des § 54 AFG über die Eingliederungsbeihilfen sind Maßnahmen zur Förderung der Arbeitsaufnahme. Die Eingliederungsbeihilfe wird gezahlt für Arbeitsuchende, deren Arbeitsplatzbeschaffung erschwert ist.

Obwohl in dieser Vorschrift nicht ausdrücklich auf ältere Arbeitsuchende Bezug genommen wird, ist diese Regelung in erster Linie für diesen Personenkreis gedacht. Die Eingliederungsbeihilfe kann in Form eines Darlehens mit bestimmten Darlehensverpflichtungen gezahlt werden. Ziel dieser Leistungen ist es, dem älteren Arbeitsuchenden einen seinem Leistungsvermögen angemessenen Dauerarbeitsplatz zu verschaffen.

Bewerberanzeiger

Die Organisation der Bundesanstalt für Arbeit gestattet es, daß den Bewerbern das ganze Bundesgebiet hinsichtlich des Stellenangebotes erschlossen wird. Durch Ausgleichseinrichtungen auf Landes- und Bundesebene, durch Fachvermittlungsstellen, durch zentrale Vermittlungseinrichtungen auf Bundesebene wird den Arbeitsuchenden – insbesondere den älteren Arbeitsuchenden – der Zugang zum Stellenmarkt eines bestimmten Gebietes oder der ganzen BRD eröffnet. Auch über Bewerberanzeiger kann der ältere Arbeitsuchende sein Arbeitsangebot verbreiten.

Der ältere Arbeitnehmer – Risiko oder Chance?

Die Antwort auf diese Frage sollte uns bei nüchterner Betrachtung der aus Zeitgründen in groben Umrissen nur kurz angesprochenen Fakten nicht allzu schwer fallen. Volkswirtschaft und Gesellschaft sind in zunehmendem Maße auf die Mitarbeit der Älteren angewiesen. Die Älteren sollten sich allerdings darüber im klaren sein, daß es mit der Feststellung »auf die Erfahrung kommt es an« allein nicht getan ist. Aber ebensowenig bringt Jungsein die Lösung aller Probleme. Dazu ist vielmehr eine sich gegenseitig ergänzende Zusammenarbeit notwendig.

Lassen Sie mich zum Schluß ein Wort des bekannten Mediziners und Psychologen Professor Dr. Haseloff anfügen:

> »Insgesamt kann man wohl sagen, daß es ein Fehler ist, Menschen, die in der modernen Gesellschaft sehr viel länger leistungsfähig, vital und aktiv sind, als es in früheren Tagen der gesellschaftlichen und kulturellen Entwicklung möglich war, frühzeitig zum Ausscheiden aus dem Arbeitsprozeß veranlassen zu wollen. Die großen Aufgaben, vor denen unsere Gesellschaft steht, fordern vielmehr nachdrücklich, daß sich die Erfahrung, die Reife und die innere Stabilität älterer Menschen am Sozialprozeß weiterhin positiv beteiligen können. Zum Vorteil für uns alle.«

»Zum Vorteil für uns alle.« – Diesen Satz kann ich nur unterstreichen. Mit aller Deutlichkeit möchte ich herausstellen, daß die Integration älterer Arbeitnehmer in den Wirtschaftsprozeß nicht etwa ein sozialer Akt, sondern eine wirtschaftliche Notwendigkeit ist. Die Bundesanstalt für Arbeit betrachtet diese Aktion auch weniger als einen Appell an das soziale Gewissen, das selbstverständlich auch angesprochen wird, als einen Anruf an die wirtschaftliche Vernunft.

Arbeitgeber und Betriebsräte sollten deshalb frühzeitig und

vorbeugend überlegen, welche Arbeitsplätze für ältere Arbeitnehmer unter besonderer Berücksichtigung ihres etwa veränderten Leistungsvermögens in Frage kommen und welche Maßnahmen für eine innerbetriebliche Umsetzung notwendig sind. In diese Überlegungen bitte ich aber auch die arbeitslosen älteren Arbeitnehmer einzubeziehen. Schließlich sind wir alle aufgerufen, die in der Öffentlichkeit noch immer vorhandenen unzutreffenden Vorurteile gegenüber älteren Arbeitnehmern auszuräumen und einer wirklichkeitsnahen Betrachtung den Weg zu ebnen.

Wenn man von Rationalisierung hört, dann denkt man unwillkürlich an eine Wirtschaftlichkeit, die dem Menschen nur einen minderen Platz in der Arbeitswelt zubilligt. Man denkt an die Herrschaft der Maschine, schlimmer, an die Diktatur des seelenlosen Roboters.

Daß das Gegenteil der Fall sein kann, das beweist in seinem Beitrag der Geschäftsführer des Rationalisierungskuratoriums der Deutschen Wirtschaft, PETER-KRISTIAN LEDIG. Zwar stellt er fest, daß es noch keine »Human-Ökonomie« gibt, daß die Techniken, die neu eingeführt werden, nur selten mit Rücksicht auf die Beschäftigten ihren Platz finden. Aber er stellte dieser Tatsache eine Forderung entgegen: Denkfähigkeit sollte den gleichen Rang haben wie Handfertigkeit.

Und: Eine Arbeit, die die geistigen und seelischen Kapazitäten nicht fördert, führt zu einem leeren Dasein und – zum Alter.

Wie Rationalisierung in Zukunft auszusehen hätte, das ist durch diese beiden Grundsätze ausgedrückt. Erst wenn sie nicht nur Forderungen bleiben, sondern in der Arbeitswelt Wirklichkeit werden, dann gehört der »Skandal«, von dem LEDIG in seinen letzten Sätzen spricht, der Vergangenheit an.

Der ältere Arbeitnehmer im Wandel der Wirtschaft

Peter-Kristian Ledig
Geschäftsführer des Rationalisierungskuratoriums der Deutschen
Wirtschaft (RKW), Hannover

Vor nicht allzulanger Zeit hat die Bundesvereinigung der Deutschen Arbeitgeberverbände eine praktische Arbeitshilfe für die Betriebe unter dem Titel »Ältere Arbeitnehmer« herausgegeben. Diese für die betriebliche Praxis bisher umfassendste Broschüre war kurz nach Erscheinen bereits vergriffen. Etwa zur gleichen Zeit hat das Rationalisierungskuratorium der Deutschen Wirtschaft (RKW), bei dem ein Arbeitskreis »Ältere Arbeitnehmer« besteht, in dem Arbeitgeber, Gewerkschaften, Ministerien und andere Institutionen sowie Wissenschaftler zusammenarbeiten, eine Aktion eingeleitet, durch die die besonderen Probleme dieser Personengruppe auch mittleren und kleinen Unternehmen bekanntgemacht werden sollen. Auch das wirtschafts- und sozialwissenschaftliche Institut der Gewerkschaften arbeitet an einer Studie, die sich mit den sozialen Problemen der alten Menschen und mit den Problemen der älteren Arbeitnehmer befaßt.

Diese Veröffentlichungen stehen nicht allein. Seit einigen Jahren ist eine zunehmende Zahl von Akademietagungen, Vorträgen vor Kongressen oder innerhalb von Verbänden zu beobachten, die sich – sicher von sehr verschiedenen Standorten aus – mit den Fragen beschäftigen, die sich für ältere Menschen in einer Zeit schneller technischer und struktureller wirtschaftlicher Wandlungen ergeben. Als das RKW vor zehn Jahren in Braunschweig in einer ersten internationalen Aussprache diese Fragen zur Diskussion stellte, traf dies noch auf wenig Verständnis. Das Problembewußtsein ist gewachsen. Dem entspricht auch der Stellenwert, den die Fragen der älteren Bevölkerung in der Sozialpolitik unseres Staates bekommen haben.

Kurzer Rückblick in die Vergangenheit

Um 1810 herum lebten noch etwa 90 Prozent der Bevölkerung auf dem Land und von der Landwirtschaft und dem sie umgebenden Gewerbe. Der Rest verteilte sich auf Industrie und Dienstleistungen. Im Zuge der Industrialisierung verschob sich die Beschäftigungsstruktur. Vor Ausbruch des Ersten Weltkriegs waren noch 26 Prozent der Erwerbstätigen in Land-, Forstwirtschaft und Fischerei und ähnlichem tätig, 46 Prozent im sekundären Sektor der Industrie und 28 Prozent im tertiären Sektor der Dienstleistungen. Damit verschob sich zugleich das Verhältnis zwischen Selbständigen und abhängig Tätigen.

Für 1970 weist die Veröffentlichung »Gesellschaftliche Daten« des Presse- und Informationsamtes der Bundesregierung, in der die sozialen Indikatoren zu der gesellschaftlichen Situation und Entwicklung in unserem Lande dargestellt werden, nach, daß nur noch 12 Prozent der männlichen Erwerbspersonen als Selbständige zu bezeichnen sind. Der Anteil der Beamten, Angestellten und Arbeiter stieg hingegen von 70,4 Prozent 1907 auf 86,2 Prozent im Jahr 1970 an. Dieser Prozeß wird noch weitergehen. Bezogen auf den alternden Menschen bedeutet dies, daß die weitaus größte Zahl heute in abhängiger, das heißt nicht selbstbestimmter Tätigkeit steht. Diese Menschen haben kaum die Möglichkeit, das, was sie ihr Leben lang getan haben, auch über das 65. Jahr hinaus noch weiter tun zu können, wie dies zum Beispiel einem Arzt, einem Anwalt, einem Einzelhändler, einem Gärtner, einem Imker, einem Schriftsteller möglich ist.

Im gleichen Zeitraum wuchsen die Städte, entvölkerte sich das Land, löste sich die Großfamilie auf und wurde durch die Kleinfamilie ersetzt. Es kam zur Trennung von häuslichem Bereich und beruflicher Tätigkeit. Für alle Beschäftigten bedeutete dies in der Regel ein Auseinanderfallen zwischen der privaten und der beruflichen Sphäre. Die berufliche Tätigkeit verlor den Zusammenhang zu dem, was im privaten Bereich getan werden konnte. Das bedeutet: Schon seit Jahrzehnten gibt die berufliche Tätigkeit für die meisten alt gewordenen abhängig Beschäftigten nichts her. Diese Entwicklung ging Hand in Hand mit einem Wegfall des Besitzes, dem Angewiesensein auf die großen kollektiv gebildeten Fonds für die Rente im Alter, bedeutete auch, daß die in einem langen Berufsleben erworbenen Erfahrungen und Kenntnisse für das Leben als alter Mensch und für dessen Rolle keine Bedeutung mehr hatten. In der komplizierten und differenzierten Arbeits- und Rollenverteilung unserer industriellen Gesellschaft hat der ältere und alte Mensch die Chancen verloren, die ihm die anders organisierte Gesellschaft Jahrtausende hindurch bis zum Einsetzen der Industrialisierung – historisch ist das gerade gewesen – geboten hat.

Auf eine andere in diesem Zusammenhang äußerst wichtige Tatsache sei kurz hingewiesen: Während in dem Jahrzehnt zwischen 1971 und 1980 ein 80jähriger noch knapp etwas über vier Jahre (1960/62 etwas über fünf Jahre) Lebenserwartung hatte, ein 85jähriger vor 100 Jahren etwas über drei Jahre (1960/62 3,7 Jahre), betrug die Lebenserwartung eines neugeborenen männlichen Kindes vor 100 Jahren 35,5 (1960/62 66,8 Jahre), eines weiblichen Säuglings vor 100 Jahren 38,4 (im Jahre 1960/62 72,3 Jahre). Ein 20jähriger junger Mann konnte vor 100 Jahren damit rechnen, noch 38,4 Jahre vor sich zu haben – 1960/62 50,3 Jahre. Wir können sagen, daß es alte und sehr alte Leute immer gegeben hat. Als Folge der sozialen Bedingungen und der Erkenntnisse der Medizin ist ihr Anteil hingegen sehr gewachsen. 60 Jahre und älter waren vor 100 Jahren 7,7 Prozent der Bevölkerung, im Jahre 1970 19,3 Prozent. Dem entspricht, daß vor 100 Jahren 15,1 Prozent der Bevölkerung jünger als 6 Jahre alt waren, im Jahr 1970 nur 9,4 Prozent. Darin drückt sich der hohe Anteil der Säuglingssterblichkeit in früheren Zeiten aus. Wir müssen uns aber darüber im klaren sein, daß gerade diese Tatsache auch bedeutet, wie wenig heute Altwerden gleichzusetzen ist mit einer Garantie, in Gesundheit alt zu werden. Überspitzt kann man sagen: Viele von uns kommen heute in ein höheres Alter, die dies in früheren Zeiten nie erreicht hätten, sei es wegen mangelnder medizinischer Vorsorge, sei es durch die Last einer Arbeitszeit, die oft 60 und mehr Stunden in der Woche betrug – ohne Urlaub, ohne Krankenhilfe und ähnlichem.

»Ältere Arbeitnehmer«

Der Wandel der Situation der älteren Arbeitnehmer in der Wirtschaft hängt auch zusammen mit den veränderten Wertvorstellungen in der Gesellschaft und in der Wirtschaft, die natürlich auch eingehen in die Werturteile über den älteren und den jüngeren Menschen. Wenn Frau Professor Dr. URSULA LEHR immer wieder darauf hinweist, daß Altern und Alter zu einem großen Teil ein psychologisches Problem ist, dann ist dieses nicht nur auf das Individuum bezogen, sondern auch auf die Gemeinschaft. Wir müssen uns darüber im klaren sein, daß sich mit den Begriffen »altern« und »alt« ein diskriminierender Unterton verbindet – oder auch der Ausdruck für etwas besonders Kostbares, Seltenes und Teueres. »Alt« verbindet sich doch häufig mit rückständig, überholt, uninteressant; jung hingegen mit neu, modern, fortschrittlich. Alt kann nun heißen, ein Gegenstand sei verbraucht, gehöre auf den Abfall, müsse ausrangiert werden und könne, da er massenhaft vorhanden sei, leicht wieder durch etwas Neues ersetzt werden. – Alt kann aber auch heißen, daß etwas selten ist und, wenn gut erhalten, dann kostbar. Diese Vorstellung der Konsumwelt wird auch auf Menschen übertragen. Es wollen viele nicht gern hören, gilt aber für die Gruppen in unserer Bevölkerung, von denen man sagt, sie stünden am Rande (wobei man sich fragt, am Rande wovon: Sicher am Rande dessen, was die Mehrheit als Norm erklärt, das heißt also nicht Ausländer sein, nicht alt sein, nicht krank sein, nicht psychisch defekt sein).

Zu den psycho-sozialen Determinanten des Alters gehören

neben den vorhin genannten mehr historischen Tatbeständen auch die Veränderungen des religiösen Bewußtseinsverhältnisses zum Tode. Wo das Selbstgefühl der Menschen durch ihre uneingeschränkte Arbeitskraft und das damit geschaffene Einkommen bestimmt wird, werden der Verfall der Leistungskraft und der Tod zu einem Ärgernis, das man verdrängt. Die Diskriminierung, mit der das Absprechen einer Leistungsfähigkeit und -möglichkeit Hand in Hand geht, ist ein Teil des Problems der älteren Arbeitnehmer – zwar gern bestritten, aber dennoch alltäglich.

Arbeitsleben und Altersrolle

Diese Diskriminierung nun wird langsam abgebaut. Die Wissenschaft vom Altern, die Gerontologie, die in den Vereinigten Staaten schon vor Jahren zu dem Sonderzweig »industrial gerontologie« (Arbeitsgerontologie) geführt hat, hat nachgewiesen, daß sich das Leistungsvermögen des alternden Menschen nicht generell verringert, sondern nur wandelt. Neben den biologisch bedingten Reduktionen, die nebenbei individuell äußerst verschieden verlaufen können, steht ein Zugewinn an Arbeits- und Berufserfahrung, an Urteilsfähigkeit, an der Fähigkeit, vorausschauend zu denken, mit Menschen umzugehen und zusammenzuarbeiten, und ganz gewiß auch das, was man soziale Reife nennen könnte.

Jeder, der in der Praxis steht, weiß, daß der alternde Mensch zuverlässig ist und sich durch Verantwortungsbewußtsein auszeichnet, daß er ausgeglichen ist und seine Einstellung zur Arbeit, sofern er nicht in seinem Leben viele negative Erfahrungen hat machen müssen, überwiegend positiv ist und daß er durch sein Streben nach Sicherheit für die Wirtschaft ein geringerer Risikofaktor ist als der noch selbständigere, mobilere jüngere Mensch.

Ausgehend von diesen Erkenntnissen, aber auch von der Tatsache, daß der Anteil der älteren Arbeitnehmer in den nächsten 10 bis 20 Jahren weiter anwachsen wird (hier spielen die Verlängerung der Ausbildungs- und Studienzeit des Berufsnachwuchses, in 15 bis 20 Jahren mit Sicherheit aber auch die seit 1967 sinkenden Geburtszahlen eine Rolle), ist die wirtschaftliche Größe dieses Potentials klar geworden; man ist dabei, die Erkenntnisse der Arbeitswissenschaft für die wirtschaftliche Praxis umzusetzen. Die obengenannte Broschüre der Bundesvereinigung der Arbeitgeberverbände enthält eine ganze Reihe von Hinweisen, wie ältere Menschen in ihrem eigenen Interesse und im Interesse des Unternehmens wirtschaftlich und ihren Leistungsfähigkeiten entsprechend eingesetzt werden können. Aus Untersuchungen ergibt sich eindeutig, daß auch Menschen, die in der zweiten Hälfte ihres Berufslebens stehen, den Anforderungen modern eingerichteter Arbeitsplätze entsprechen, vorausgesetzt, daß auf den Wandel ihrer Leistungsfähigkeit Rücksicht genommen wird. Hier einige der Anforderungen, die reduziert oder vermieden werden sollten:

- hohe körperliche, dauernde Spitzenbelastungen
- längeres Stehen, Beugen, Hocken, Strecken oder andere einseitige Beanspruchungen der Muskeln
- ungünstige Umgebungseinflüsse, wie große Hitze, starker Lärm und Staub oder hohe Luftfeuchtigkeit
- psychische Dauerbelastungen
- hohe Anforderungen an das Reaktionsvermögen, das Auge, das Gehör oder an das Kurzzeitgedächtnis
- Hantieren mit schwerem Handwerkszeug
- Arbeiten unter besonderem Zeitdruck
- Leistung von Überstunden
- gleitender Schichtwechsel

Im Deutschen Normenausschuß gibt es einen Fachnormenausschuß ERGONOMIE, in dem eine Arbeitsgruppe sich auch mit dem Problem der älteren Arbeitnehmer befaßt. Ihm gehöre ich auch an. Nach längeren Überlegungen sind wir zu der Überzeugung gekommen, diese Arbeit unter das Thema »*altersadäquate Arbeitsanforderungen*« zu stellen. Dabei hat uns die Überzeugung geleitet, daß es »altersadäquate Anforderungen« nicht nur für die lebensälteren, sondern für alle Beschäftigten geben müsse. Überforderungen Jüngerer können schon im verhältnismäßig frühen Lebensalter zu Frühschäden, zu frühzeitiger Invalidität führen. Damit kommt zugleich zum Ausdruck, daß es sich beim Alter und beim Altern nicht um kalendarisch eindeutig abgrenzbare Lebensbereiche handelt, sondern daß diese ineinander übergehen.

Es wäre absolut verfehlt, einen Menschen etwa vom 40. oder 50. Lebensjahr an als »älteren Arbeitnehmer« zu deklarieren. In welcher Weise sich sein Leistungsvermögen wandelt und wie weit er fähig ist, unter diesen gewandelten Bedingungen seinen Beitrag zu seiner eigenen und seiner Umgebung Zufriedenheit zu leisten, hängt entscheidend von der Art ab, wie mit ihm vorher umgegangen worden ist. Daher sollte man nicht müde werden, den Verantwortlichen der Wirtschaft immer wieder zu sagen, daß die Arbeits- und Lebenssituation ihrer älteren Mitarbeiter entscheidend davon beeinflußt wird, was ihnen in den mittleren Lebensjahren vermittelt, was ihnen abgefordert wurde. Der Prozeß der beruflichen Fort- und Weiterbildung sollte eben nicht erst Mitte der vierziger Jahre, sondern zehn und noch mehr Jahre vorher einsetzen. Ausgehend von der Tatsache, daß viele unserer Änderungen heute und vermutlich in der Zukunft noch stärker weit weniger technologischer als vielmehr gesellschaftlicher Art sind, neue Organisationsformen und neue Verhaltensweisen betreffen, sollte zu diesem Prozeß der Fort- und Weiterbildung in Zukunft weit mehr, als es bisher der Fall war, das »soziale Lernen« gehören – das heißt, das Umgehen mit anderen, mit Jüngeren, mit Älteren, mit dem anderen Geschlecht, mit Ausländern, mit Randgruppen.

Hier noch ein weiterer Hinweis, dem im Zusammenhang mit diesem Thema eine ganz entscheidende Bedeutung zukommt: Wie ein alter Mensch sein Leben verbringt, welchen Inhalt es hat, welche sozialen Bezüge er aufrechterhalten kann, wie er mit der unabsehbaren »freien« Zeit umgeht – all dies hängt entscheidend davon ab, ob er als älterer Arbeitnehmer in den letzten 20, 15 oder 10 Jahren seines Berufslebens die Chance bekommen hat, sich seinem gewandelten Leistungsvermögen entsprechend zu betätigen, sich selbst zu verwirklichen und Erfolg zu haben. Es dreht sich eben bei den älteren Arbeitnehmern nicht nur um die Objekte des Arbeitsmarktes, die eingesetzt, die versetzt werden, die ausfallen, die eingestellt werden, die gelegentlich sogar verliehen werden, sondern um Menschen. So wichtig die ökonomischen Probleme sind, die sich mit dieser Gruppe verbinden, in Wahrheit sind die sozialen Fragen eminent politischer und letzten Endes auch, bezogen auf die Arbeitsproduktivität, wirtschaftlicher, aber doch nur sekundär und nicht primär.

Hier nun eine Tatsache, auf die der Soziologe LUDWIG VON FRIEDEBURG schon vor 15 Jahren hinwies, daß nämlich die moderne Industriearbeit die Menschen »für die Beschäftigung im Alter durch den Mangel an altersspezifischen Funktionen« nicht planvoll vorbereite, daß die Vorbereitung auf das Alter ohnehin viel zu spät erfolge und es dieser an »pädagogischer Phantasie« mangele. VON FRIEDEBURG meint weiter, daß man noch nicht das Vermögen habe, »sich vorzustellen, daß die freie Zeit im Alter etwas anderes ist oder doch sein könnte als lediglich verlängerte Freizeit, wie man sie, bezogen auf die berufliche Arbeit, gegenwärtig hat«. Und er weist hin auf die Ratlosigkeit angesichts vollgehäufter Zeit, mit der man »nichts anzufangen weiß«. Vielleicht hängt das mit der Tatsache zusammen, auf die VON FRIEDEBURG auch verweist, daß man sozusagen in der Wirtschaft, in der täglichen Arbeit zur Kenntnis nimmt, daß es ein Alter gibt, man dies aber nicht auf die eigene Person bezieht – es hat noch keine »psychologische Realität«. Dies wiederum hängt zusammen mit den oben erwähnten Tatsachen, daß wir bestimmte

Lebensbereiche in unserer Vorstellung ausklammern, die außerhalb unserer Lebensplanung liegen. Wenn wir in diese Umstände selbst kommen, so sind wir ihnen nicht gewachsen.

Abschließend noch einige kurze Anmerkungen:

- Tatsache ist, daß neue Techniken in der Wirtschaft nur selten mit Rücksicht auf die Beschäftigten, geschweige denn die Älteren eingeführt werden; es gibt praktisch noch keine Human-Ökonomie; Neuerungen sind maschinen-ökonomisch.

- Der Hinweis, alle Berufsanforderungen wandelten sich ständig und damit hätte der ältere Mensch weniger Chancen, trifft nicht zu; viele Tätigkeiten werden im Jahr 2000 wie heute existieren, und die Erfahrungen des Älteren zählen.

- Denkfähigkeit sollte den gleichen Rang haben wie Handfertigkeit.

- Eine Arbeit, die die geistigen und seelischen Kapazitäten der Menschen nicht fördert, führt zu einem leeren Dasein und auch zum Altern.

- Alles ist zu unternehmen, um die Fähigkeit zum solidarischen Handeln und Denken zwischen den Geschlechtern und den Altersgruppen einzuüben; eine solche Solidarität würde den alternden und den alten Menschen mit einbeziehen.

- Die Verantwortlichen der Wirtschaft beginnen zu begreifen, daß die Altersproblematik der älteren und alten Menschen eine Herausforderung an den Staat, an die Wirtschaft, an die Gesellschaft ist.

Das aber heißt zugleich, und das sei bei aller Verbundenheit auch mit der Tätigkeit der Bundesanstalt für Arbeit, aber ebenso für die gesellschaftlichen Organisationen und die Unternehmen gesagt: Die Kenntnisse der »sozialen Gerontologie« sind noch völlig unzureichend – verglichen etwa mit den USA –, wo ich Arbeitsberater bei ihrer Tätigkeit beobachten konnte und den hohen Stand der Kenntnisse über diese Zusammenhänge und die

Art, wie sie in der praktischen Arbeit angewendet wurden, bewundern lernte.

Auf den Zusammenhang zwischen dem Dasein des Menschen im Alter und den vorangegangenen Lebensphasen weist ein kluges Wort von SIMONE DE BEAUVOIR hin, die in ihrem Buch über das Alter sagt:

». . . wie müßte eine Gesellschaft beschaffen sein, damit ein Mensch auch im Alter ein Mensch bleiben kann? Die Antwort ist einfach: Er muß immer schon als Mensch behandelt worden sein.«

Hier gewinnt das mir gestellte Thema einen neuen Aspekt – vom Leben der Menschen her, die nicht mehr in der Arbeit stehen – die Humanisierung der Arbeit, indem sie an die Bedürfnisse und Möglichkeiten der Menschen angepaßt wird; sie könnte sich einmal auch positiv auf das Alter auswirken, von dem SIMONE DE BEAUVOIR schreibt:

»(es) ist die radikale Verurteilung . . . eines Systems, das der bei weitem überwiegenden Mehrheit der Menschen keinerlei Daseinsgrund gibt . . . Alt geworden hat der Arbeiter keinen Platz mehr auf der Welt, weil man ihm in Wahrheit nie einen Platz zuerkannt hat: Er hatte nur keine Zeit, das zu merken . . .«

Das RKW stellte in einer Untersuchung über die Prozesse technischer Änderungen fest:

». . . die Verbesserung der Arbeitssituation der Beschäftigten wird in keinem unserer Fälle als selbständige Handlungsmaxime bei der Entscheidung über eine technische Neuerung angeführt.« und
»Die Unternehmen verstehen die Arbeitssphäre als einen elastischen Bereich, der bei der Kalkulation technischer Neuerungen in den Hintergrund tritt . . .«

Frau DE BEAUVOIR hat schon recht – der Skandal der sozialen, der seelischen Lage alter Menschen ist Teil eines umfassenden inhumanen Verhaltens, das schon früh beginnt, schon bei der Diffamierung der Schwächeren unter den Jugendlichen, sich fortsetzt gegenüber den »Randgruppen«, den weniger Erfolgreichen, den »Unteren Gruppen«, den »Untergebenen«.

Zu diesem Skandal gehört auch unser Unvermögen, mit den Menschen zu sprechen statt über sie und mit denen, die sich ihre Vorgesetzten nennen.

Wenige wissen es: Der Deutsche Gewerkschaftsbund hat ein sozial- und wirtschaftswissenschaftliches Institut in Düsseldorf, das sich auch mit der Frage der Lebenslage älterer Arbeitnehmer befaßt. Hier werden die Möglichkeiten geprüft, im Rahmen der gesetzlichen Bestimmungen alle Möglichkeiten auszuschöpfen, die der »Ausgestaltung gesellschaftlicher Chancen für alle älteren Menschen« dienen – eine Aufgabe, die weit über gewerkschaftliche Fragen hinausgeht.

Über Erhebungen, die diesem Ziel dienen, berichtet Frau Dr. GISELA KIESAU. Sie ist nicht der Ansicht, daß schon alles erreicht ist. Aber sie zeigt, daß es genug Möglichkeiten gibt, die noch ausgeschöpft werden müssen. Das Wissen um die Probleme fehlt nicht. Aber die Anwendung dieses Wissens in der Praxis steht noch am Anfang. In vielen Fällen bedarf es nur eines Quentchens praktischer Vernunft, um aus Erhebungen und Thesen Wirklichkeit zu machen.

Die Alten haben keine Lobby

Dr. Gisela Kiesau
Sozial- und Wirtschaftswissenschaftliches Institut des Deutschen
Gewerkschaftsbundes, Düsseldorf

Als Lebenslage gilt der Spielraum, den die äußeren Umstände dem Menschen für die Erfüllung der Grundanliegen bieten, die ihn bei der Gestaltung seines Lebens leiten und bei möglichst freier und tiefer Selbstbesinnung und zu konsequentem Verhalten hinreichender Willensstärke leiten würden.

Als sozial schwach sind Gesellschaftsmitglieder anzusehen, deren Lebenslage von der in der Öffentlichkeit vorherrschenden Meinung als nicht zumutbar angesehen wird.

Sozial gefährdet hingegen sind die Gesellschaftsmitglieder, deren Lebenslage durch bereits eingetretene oder voraussehbare Ereignisse bedroht ist, unter das nach vorherrschender Meinung zumutbare Niveau abzusinken.

Die älteren Menschen bilden eine solche Teilmenge, weil ihre sowohl materielle als auch immaterielle Lebenslage oft derart ungünstig ist, daß sie ihre Besserung aus eigener Kraft und Initiative nicht erreichen und/oder die drohenden Gefahren nicht abwehren können.

Bei der Analyse der Lebenslage älterer Menschen sind vielfältige Interessen zu berücksichtigen. Für die Lebenslage sind die unmittelbaren Interessen bedeutsam, das heißt die Grundanliegen, deren Befriedigung der Mensch bei unbehinderter und gründlicher Selbstbesinnung als bestimmend für den Sinn seines Lebens ansieht.

Der Gesellschaftsgestalter hat die Aufgabe, als Berater die Grundanliegen, die sehr oft im Gefühl liegen, nach Inhalt und Rang zu bestimmen und dem Politiker die Vielzahl von bestehenden Anliegen jedes Individuums, die zueinander in einem Spannungsverhältnis stehen, bewußt zu machen.

Es ist also die Frage zu stellen, welche Anliegen, das heißt positive oder negative Interessen und Bedürfnisse, haben die älteren Menschen? Welche sollten sie nach den Vorstellungen etwa des Gesellschaftsgestalters oder des Gesetzgebers haben?

Nimmt man das Bundes-Sozialhilfegesetz (BSHG) zu Hilfe, so finden sich dort eine Reihe von Anliegen aufgeführt, wobei es sich sowohl um mittelbare als auch um unmittelbare Interessen handelt.

- Eigeninitiative
- Selbsthilfe   (§§ 1, 2, 7, 42)
- Unabhängigkeit
- eigene Alterssicherung   (§§ 13, 14, 15)
- Familienkontakte   (§§ 7, 75)
- gesellige Kontakte   (§ 75)
- Leben in der Gemeinschaft   (§ 39)
- Beziehungen zur Umwelt   (§ 8)
- Beschäftigung   (§ 75)
- berufliche Tätigkeit   (§§ 18, 19, 75)
- Erholungsmaßnahmen   (§ 36)
- gesundheitliche Betreuung   (§§ 36, 37)
- eigener Haushalt
- eigene Wohnung   (§ 75)
- Wohnungswechsel
- Heimbetreuung   (§ 27)

Um diese Anliegen befriedigen zu können, müssen die Faktoren bekannt sein, die die Lebenslage der älteren Menschen beeinflussen, bestimmte Anliegen befriedigen, erweitern oder einengen. Dies sind unter anderem:

- Alter
- Geschlecht
- Familienstand, Alter des Ehepartners

- Kinder
- Wohnverhältnisse
- Berufstätigkeit, ehemaliger Beruf
- Einkommen und Vermögen
- Gesundheitszustand
- Schulbildung
- Soziale Kontaktfelder

Nun besteht eine wichtige Aufgabe der Altenhilfe darin, in der Zukunft allen älteren Menschen ein Höchstmaß an geistigem und seelischem Wohlbefinden, verstanden als die Möglichkeit zu einem Leben in Selbständigkeit und geistig seelischer Eigenständigkeit, zu gewährleisten. Das ist nur möglich, wenn die vielfältigen gegenseitigen Abhängigkeiten zwischen den Problemen, die sich dem älteren Menschen in der Gesellschaft stellen, zwischen seinen Grundanliegen und den Vorgängen des Alternsprozesses in seinen medizinischen, sozialen und psychologischen Auswirkungen hinreichend bekannt sind.

So besteht ein enger Zusammenhang zwischen dem Wunsch zur Verbesserung der Lebenslage älterer Menschen einerseits und den Kenntnissen über Wirkungszusammenhänge von sozialpsychologischen Veränderungen im Alter, von Normen und Verhaltenserwartungen seitens der Gesellschaft an den älteren Menschen und dessen sozialem Verhalten andererseits. Eine quantitative und qualitative Analyse von Mängeln und Lücken in der derzeitigen Altenhilfe und intensive, auf Erfahrungen begründete Forschung auf dem Gebiet der Gerontologie und Geriatrie sind von besonderer Bedeutung für die Planung einer rationalen Politik für ältere Menschen. Planen für das Alter sollte die Herausarbeitung alternativer Zielvorstellungen für den älteren Menschen und für alle, die eines Tages alt werden, beinhalten. Planen bedeutet aber neben dem Formulieren von Zielen das Abwägen von Vor- und Nachteilen, die jeder Plan beinhaltet. Insofern muß mit jeder Planung eine sinnvolle Koordination einhergehen. Für die Bundesrepublik Deutschland bedeutet das: enge Zusammenarbeit von Bund, Ländern und Gemeinden mit den freien Wohlfahrtsverbänden und kirchlichen Einrichtungen. Darüber hinaus sollten aber auch die Arbeitgeber und die Gewerkschaften in diese Planung mit einbezogen werden; denn Probleme des Alterns tauchen bereits zu einem Zeitpunkt auf, wo die Menschen noch im Erwerbsprozeß stehen.

Auch bei einer Altenpolitik kann es nicht um die Wohlfahrt für wenige gehen, sondern vielmehr um die Ausgestaltung gesellschaftlicher Chancen für alle älteren Menschen. Jedem älteren Menschen sollte ermöglicht werden, über die Ausgestaltung seines Lebensabends frei zu entscheiden. Jeder sollte befähigt werden, seine Unabhängigkeit solange wie möglich zu wahren. Neben einem ausreichenden Einkommen muß eine Vielzahl von Diensten vorhanden sein, um jedem Menschen zu erlauben, unabhängig etwa von äußeren Lebensumständen, unter einem reichhaltigen Angebot von sozialen Diensten wählen zu können.

Nun habe ich in den Kreis der Hilfeleistenden auch die Gewerkschaften mit einbezogen. Was können sie zur Verbesserung der Lebenslage älterer Menschen tun?

Zunächst wird man es als eine gewerkschaftliche Aufgabe ansehen, sich der Probleme der älteren Arbeitnehmer zu widmen. Dies geschieht in den Gewerkschaften seit Jahren. Das Betriebsverfassungsgesetz, die Maßnahmen der Bundesanstalt für Arbeit zur Arbeitsbeschaffung, Arbeitsaufnahme und zur beruflichen Umschulung, die Tarifverträge, aber auch betriebliche Sozialpläne weisen auf die gewerkschaftliche Einflußnahme in den verschiedensten Bereichen hin.

Doch auf dem 9. Ordentlichen Bundeskongreß des Deutschen Gewerkschaftsbundes (DGB) in Berlin im Juni 1972 wurde ein Antrag des Bundesfrauenausschusses angenommen, der weit über die Beschäftigung mit den Problemen älterer Arbeitnehmer hinausgeht. Die Gewerkschaften waren sich klar darüber geworden, daß gerade dem aus dem Erwerbsleben ausscheidenden Menschen bestimmte Hilfen geboten werden müßten, um Voraussetzungen dafür zu schaffen, daß der Mensch mit zunehmendem Lebensalter im Rahmen sowohl seiner physischen als auch psychischen Konstitution seine Stellung in der Gesellschaft verbessern, zumindest aber aufrechterhalten kann. Dabei sollte ein großes Maß an individuellen Entfaltungsmöglichkeiten erreicht werden.

In dem Antrag 320 heißt es dazu:

> »Die Probleme des Alterns und des Altseins werden in den nächsten Jahrzehnten die jetzt noch im Arbeits- und Organisationsleben Stehenden betreffen. Deshalb werden auch unter unseren Mitgliedern immer mehr Stimmen laut, die Hilfen für die Vorbereitung auf das Alter und für den alten Menschen selbst fordern. Ihnen hat die Gesellschaft mehr als bisher durch Einrichtungen, die auf ihre Bedürfnisse zugeschnitten sind, Hilfestellung zu leisten, so daß das Alter nicht ein Lebensabschnitt der Resignation, sondern der vollen Nutzung der verbliebenen geistigen und körperlichen Kräfte wird. Durch medizinische Forschungen ist bestätigt, daß der Alterungsprozeß individuell unterschiedlich verläuft. Aus diesem Grund müssen alle frühzeitig mit Altersproblemen vertraut gemacht und Hilfen angeboten werden, die den Übergang in eine neue Lebensphase erleichtern. Die Gewerkschaften sind verpflichtet, mitzuhelfen, daß die Arbeitnehmer nicht unvorbereitet aus dem Erwerbsleben in ihr Rentnerdasein entlassen werden und daß sie Bedingungen für einen menschenwürdigen Lebensabend vorfinden.«

Dazu stellen sie folgenden Maßnahmenkatalog auf:

1. Vorbereitung auf den Ruhestand
2. Flexiblere Arbeitszeit als Hilfe für den Übergang
3. Ausbau der Altersforschung
4. Ausreichende soziale Sicherung
5. Bildungsangebot als Lebenshilfe und Betätigungsfeld
6. Altersgerechter Wohnungsbau
7. Sicherstellung personeller Hilfen
8. Altersgerechtes Konsumangebot.

Vorbereitung auf den Ruhestand

In welchem Umfang sollten die Gewerkschaften an dieser so wichtigen Aufgabe neben Volkshochschulen, Massenmedien usw. teilnehmen? Zur gesellschaftspolitischen Bildung, die die Gewerkschaften in ihren Forderungen zum Bildungsurlaub unterstreichen, gehört es sicherlich auch, dem älteren Menschen die Möglichkeit zu bieten, in die Gesellschaft integriert zu sein und zu bleiben. Die immer stärker werdende Leistungsmotivation in der Gesellschaft hat dazu geführt, daß der ältere Mensch sich seines Funktionsverlustes nach Ausscheiden aus dem Erwerbsleben bewußt wird und dann sehr oft selbst die Desintegration vornimmt. Hier kommt es darauf an, eine Bewußtseinsänderung gerade bei Menschen mit zunehmendem Lebensalter selbst zu bewirken und sie darauf vorzubereiten, daß sie weiterhin wichtige Funktionen innerhalb der Familie und der Gesellschaft erfüllen können.

Ein Lösungsvorschlag ist der von den Gewerkschaften seit langem angestrebte Bildungsurlaub. Als gezielte Maßnahme für »ältere Arbeitnehmer« (etwa ab 45 Jahre) könnten spezielle Seminare eingeführt werden.

Auch die Bundesanstalt für Arbeit greift unter dem Aspekt Vorschläge für den Arbeitgeber zur Lösung des Problems »ältere Arbeitnehmer« die Rüstigkeitsberatung auf. Im Hinblick auf den Vorschlag, Rüstigkeitsberatung in den Bildungsurlaub als ein Element der Erwachsenenbildung einzufügen, gewinnt die Anregung der Bundesanstalt für Arbeit an Bedeutung, auch Werksärzte und Personalleiter in den Kreis der Berater aufzunehmen.

Wie wenig bisher in dieser Hinsicht – außer bei einigen Großunternehmen – getan wird, wurde in einer gerade von uns abgeschlossenen DGB-Befragung von Arbeitnehmerinnen zwischen 45 und 65 Jahren deutlich. Eine Frage war: »Können Sie sich in irgendeiner Form in Ihrem Betrieb auf den Ruhestand vorbereiten?« Von den 2286 Befragten sahen darauf nur 279 (12,2 Prozent) diese Möglichkeit; 1673 (73,2 Prozent) beantworteten die Frage mit nein, 334 (14,6 Prozent) machten keine Angabe. Von den 279 Arbeitnehmerinnen, in deren Betrieb eine Vorbereitung möglich ist, sagten 16 (5,7 Prozent), daß dies in Form von Vorträgen geschehe, 177 (63,4 Prozent) haben eine Beratung durch den Betriebsrat, 67 (24 Prozent) genießen die Beratung in Form medizinischer Untersuchungen. Diese Zahlen verdeutlichen recht eindrucksvoll, wie wenig die Erkenntnisse der Gerontologie bis heute in den Unternehmen Einzug gehalten haben.

Flexiblere Arbeitszeit als Hilfe für den Übergang

Um den Übergang von der vollen Erwerbstätigkeit zur Pensionierung zu erleichtern und um älteren Menschen die Möglichkeit zur Weiterarbeit zu geben, sollte man flexiblere Arbeitszeiten einführen. So kommt auch die Organisation für wirtschaftliche Zusammenarbeit und Entwicklung (OECD) zu der Empfehlung, daß spezielle Teilzeitarbeitsprogramme im öffentlichen und privaten Bereich erarbeitet werden sollten.

Es sollte überlegt werden, ob nicht umgekehrt etwa wie nach

langer Krankheit, wo eine stufenweise Wiedereingliederung in den Arbeitsprozeß erfolgen kann, auch bei Arbeitnehmern, die kurz vor dem Austritt aus dem Erwerbsleben stehen, eine langsame Ausgliederung mit stufenweiser Reduzierung der Arbeitsstunden sinnvoll wäre. Der plötzliche Übergang aus dem Erwerbsleben in den Ruhestand ist physiologisch ungesund. Freiberuflich Tätige wählen oft – und dies wahrscheinlich zum Teil unbewußt – aufgrund ihrer freien Verfügungsmöglichkeit diesen natürlichen Weg der stufenweisen Reduzierung der Arbeitsbelastung.

Bei dieser Hilfe handelt es sich aber neben Regelungen hinsichtlich der Arbeitszeit vor allem um Möglichkeiten »qualifizierter« Teilarbeitsplätze für Männer und Frauen. Teilzeitbeschäftigung stellt eine wichtige Möglichkeit dar, um den Beschäftigungswünschen älterer Arbeitnehmer und Rentner gerecht zu werden.

Mit der Einführung der flexiblen Altersgrenze ist ein wesentlicher Schritt getan worden, um die Wahlmöglichkeiten für den Arbeitnehmer zu erhöhen, zu welchem Zeitpunkt er aus dem Erwerbsleben ausscheiden möchte. Dadurch kann der individuell sehr unterschiedlichen gesundheitlichen Verfassung und der Arbeitsbereitschaft des einzelnen besser Rechnung getragen werden als bei der starren Festlegung der Altersgrenze auf 65 Jahre. Derzeit sind jedoch die Entscheidungsspielräume der älteren Arbeitnehmer insofern eingeengt, als es an qualifikations- und leistungsgerechten Arbeitsplätzen fehlt und die angebotenen Teilzeitarbeitsplätze häufig zum Ausgleich eines konjunkturellen Spitzenbedarfs konzipiert sind und nicht als Dauerarbeitsplätze. Die Unternehmen schlagen vielfach die vorzeitige Pensionierung in einem konjunkturellen Tief vor. Es liegt eben eine Flexibilität der Altersgrenze nur nach unten und nicht nach oben vor.

Ausbau der Altersforschung

Obwohl sich die verschiedensten Institutionen um die Hilfe älterer Menschen bemühen, wird dies heute noch sehr oft getan, ohne genaue Kenntnisse über das Verhalten, die Bedürfnisse und Wünsche der älteren Menschen zu haben. Wenn es auch in der BRD mittlerweile eine Reihe von Forschern gibt, die sich dem Problem der Alternsforschung widmen, so fehlt es zum Teil hier noch an mangelnder Koordination der verschiedenen Forschungsvorhaben und an mangelnder Kooperation der verschiedenen Disziplinen.

Ausreichende soziale Sicherung

Die Lebenslage des einzelnen wird entscheidend geprägt durch seine Einkommenssituation. Deshalb müssen in den Bereichen der Arbeitswelt und der sozialen Sicherung die Voraussetzungen geschaffen bzw. erweitert werden, die verhindern, daß sich die Position des älter werdenden Menschen im Einkommensgefüge verschlechtert.

Bei vielen Arbeitnehmern besteht die Angst vor dem Altwerden auch deshalb, weil sie damit die geminderte oder veränderte Leistungsfähigkeit verbinden und dann die Angst vor verminderter Rente wegen vorher gesunkenen Verdienstes haben. Ein wichtiges Verhandlungsergebnis bei den Lohnrahmen- und Manteltarifverhandlungen der IG Metall ist, daß Arbeitnehmer, die im 55. Lebensjahr stehen oder älter sind oder Unternehmen ein Jahr angehören, im Verdienst nicht mehr absinken können. Die derzeit von verschiedenen Unternehmen angebotenen Ausgleichszahlungen bei Umsetzungen beinhalten in den meisten Fällen eine Schlechterstellung gegenüber der bisherigen Einkommenssituation.

Es ist festzustellen, daß nicht in allen Unternehmen verbindliche Richtlinien über Verdienstausgleichsregelungen etwa über Tarifverträge, Betriebsvereinbarungen oder betriebliche Richtlinien bestehen, daß derartige Verdienstausgleichsregelungen meist für Umsetzungen vom Leistungslohn in den Zeitlohn bestehen und daß die meisten Regelungen nur befristete Übergangsregelungen darstellen, die außerdem noch an Mindestvoraussetzungen, Alter und Betriebszugehörigkeit geknüpft sind. So können viele ältere umgesetzte Arbeitnehmer diese Ausgleichsleistungen gar nicht beanspruchen. Hier ist ein wichtiges Feld, auf dem die Gewerkschaften im Rahmen ihrer Tarifpolitik und die Betriebsräte bei Betriebsvereinbarungen Einfluß auf die Einkommenssituation nehmen sollten, wie dies bisher nur in wenigen Fällen geschehen ist.

Auch in der von uns durchgeführten Untersuchung über die Situation von Arbeitnehmerinnen zwischen 45 und 65 Jahren hatten wir nach möglichen Einkommensminderungen bei Arbeitsplatzwechsel gefragt. Von den 2286 hatten 961 einen Arbeitsplatzwechsel, bei 73 (7,6 Prozent) von ihnen war damit der Wegfall des Akkordlohnes verbunden, 26 (2,6 Prozent) hatten den Wegfall einer Leistungszulage zu verzeichnen und 79 (8,2 Prozent) eine direkte Herabstufung. Insgesamt waren 178 (18,4 Prozent) von 961, die den Arbeitsplatz gewechselt hatten, von einer Einkommensverschlechterung betroffen, nur 20 von ihnen erhielten eine Ausgleichszulage.

Es ist allen hier hinlänglich bekannt, daß gerade ältere Frauen besonders unter Einkommensverhältnissen leben, die oft unter dem kulturellen Existenzminimum liegen. Aus diesem Grund fordern die Gewerkschaften seit langem eine Verbesserung der sozialen Sicherung. Sie fordern

- einen Härteausgleich in der Rentenversicherung für die Renten von erwerbstätigen Frauen, auf die sich die langjährige Unterbezahlung der Frauen auswirkt (teilweise erfüllt),

– den Ausbau des eigenständigen Renten- und Pensionsanspruchs der Frau, wobei die Zeiten der Kindererziehung als Beitragszeit in der Rentenversicherung anerkannt werden sollten.

Auf der 8. Bundesfrauenkonferenz des DGB im Mai 1974 wurde ein weiterer Antrag eingebracht, der die Verbesserung der sozialen Sicherung zum Ziele hat. Es heißt dort:
»Die 8. Bundesfrauenkonferenz möge beschließen:
Der DGB-Bundesvorstand möge sich dafür einsetzen, daß für Personen, die die Pflege schwerbehinderter Familienmitglieder übernommen haben und deshalb keine Erwerbstätigkeit verrichten können, Sozialversicherungsbeiträge aus Mitteln des Staates in angemessener Höhe entrichtet werden.«

Bildungsangebot als Lebenshilfe

In weit größerem Umfang und vor allem systematischer sollten die Gewerkschaften den älteren Arbeitnehmern Gelegenheit geben, sich vor Eintritt in den Ruhestand und auch später über alle gewerkschaftlichen und politisch relevanten Themen zu informieren und in der gewerkschaftlichen Arbeit mitzuwirken. Eine bei den Einzelgewerkschaften von uns durchgeführte Befragung über die Anzahl der in der jeweiligen Gewerkschaft organisierten Mitglieder über 65 Jahre ergab, daß circa 900 000 Rentner(innen) der Gewerkschaft angehören.

Gerade unter dem Aspekt, daß ältere Menschen in der BRD ihre Interessen nicht hinreichend durchzusetzen vermögen, ist zu fragen, ob sie nicht auch die Möglichkeiten einer »pressure group« in der pluralistischen Demokratie wahrnehmen sollten. Ein Beispiel für die organisierten Interessen älterer Menschen bietet der Verband der österreichischen Rentner und Pensionisten mit 314 000 Mitgliedern im Jahre 1973.

Altersgerechter Wohnungsbau

In dem Maße, in dem sich die außerhäuslichen Tätigkeiten vermindern, wächst die Bedeutung einer optimalen Wohnraumversorgung. Dem älteren Bürger soll so lange wie möglich die persönliche Unabhängigkeit sowie ein Leben in gewohnten und gewünschten Bezügen gewährleistet sein. Das Interesse und die Fähigkeit zur Eigenverantwortung, zur Selbsthilfe und zur Eingliederung beziehungsweise Wiedereingliederung in die Gesellschaft sollte geweckt, erhalten und gefördert werden. Dem haben alten- und behindertengerechte Planungen im Wohnbereich und bei Wohnfolgeeinrichtungen Rechnung zu tragen. Zu diesem Zweck ist neben der Bereitstellung geeigneter Wohnformen ein Gesamtversorgungssystem zu entwickeln, das von den vielfältigen Hilfsorganisationen unserer Gesellschaft gemeinsam getragen wird.

Über die Wohnprobleme im Alter ist im Band »Senior – Heim und Ernährung« Grundsätzliches veröffentlicht worden.

Sicherstellung personeller Hilfen

Hierunter sind die offene, halboffene Hilfe und ambulante Dienste zu verstehen. Die weitgehend selbständige, häusliche Lebensgestaltung ist eine wesentliche Voraussetzung für die individuelle Entfaltungsmöglichkeit der älteren Menschen. Denjenigen Personen, die die häuslichen Aufgaben aus eigener Kraft zeitweise oder dauernd nicht mehr voll bewältigen können, müssen daher Hilfen angeboten werden, die ihnen eine selbständige Haushaltsführung ermöglichen. Diese Hilfen dürfen sich nicht allein auf »soziale Dienste« beschränken, es sind vielmehr auch die infrastrukturellen Bedingungen (Wohnungsgestaltung, Siedlungsstruktur, Verkehrsverhältnisse) so zu gestalten, daß Fremdhilfe nur dort eingesetzt wird, wo diese Maßnahmen versagen.

Da eine gesetzliche Regelung fehlt, auf deren Grundlage ein

bestimmter Träger auf jeden Fall derartige Hilfen bereitstellen müßte, ist das Angebot nicht nur qualitativ lückenhaft, es ist auch örtlich sehr unterschiedlich. Weiterhin variieren die Bedingungen, an die die Leistungen geknüpft werden, nicht nur regional, sondern selbst innerhalb einer Gemeinde je nach dem Leistungsträger. Besonders deutlich wird in diesem Bereich der Mangel an geschultem Personal in ausreichender Zahl.

Altersgerechtes Konsumangebot

Über Verbraucheraufklärung und -beratung könnte dieses Vorhaben durch die Gewerkschaften unterstützt werden. Gleichzeitig könnten sie durch hinreichende Aufklärung auf das Preisgebaren der Produzenten Einfluß nehmen, damit die oft gerade finanziell nicht gut gestellten älteren Menschen auch in den Genuß derartiger »altersgerechter« Güter gelangen. Zugleich böte sich für die Gewerkschaften selbst die Chance eines modellhaften Einsatzes der eigenen gemeinwirtschaftlichen Unternehmungen.

Ich habe versucht, einige Gedanken zu dem von den Gewerkschaften vorliegenden Antrag »Hilfen für ältere Menschen« vorzutragen. Vieles wurde dabei nur kurz angerissen, zum einen, weil dieses vielseitige Programm es gestattet, die verschiedenen Aspekte durch Experten viel besser behandeln zu lassen, und zum anderen, weil die Meinungsbildung innerhalb der Gewerkschaften noch nicht abgeschlossen ist.

Das Wirtschafts- und Sozialwissenschaftliche Institut hat vom DGB den Auftrag erhalten, eine Studie »Zur Lebenslage älterer Menschen« zu erstellen, die als Grundlage für den auf dem 8. Bundeskongreß angenommenen Auftrag an den DGB, Maßnahmen für eine rationale Altenhilfe zu entwickeln, dienen soll. Etwa 25 Fachleute aus den verschiedenen Disziplinen arbeiten an der Erarbeitung dieser Studie.

Die Studie behandelt fünf Bereiche:

1. Beschäftigungsprobleme älterer Arbeitnehmer
2. Einkommensverhältnisse älterer Menschen
3. Soziale Kontakte und Aktivitäten
4. Wohnprobleme
5. Gesundheit älterer Menschen

Im ersten Schritt wird versucht, die Mängel und Lücken im jeweiligen Bereich aufzudecken, um dann aufgrund dieser Analyse im zweiten Schritt einen Maßnahmenkatalog vorzuschlagen.

Diese Studie und die daraus zu entwickelnden Forderungen sollen dazu beitragen, daß die Lebenslage älterer Menschen verbessert wird und daß jedem älteren Menschen ein größtmögliches Maß an individueller Entfaltungsmöglichkeit erhalten bleibt.

Rentenempfänger – wir sagten es in dem Vorwort – sind nicht Almosenempfänger. Sie zehren nur die gesetzlich verankerten Rücklagen auf, die sie im Laufe eines langen Lebens erworben haben. Wie unser Staat das sieht, haben die beiden Rentenreformen deutlich gemacht. Seit 1957 und seit 1972/73 ist der Anspruch auf ein »Altersruhegeld« – der Ausdruck Rente wird hier ausgeklammert – ein integrierender Teil des Lebens geworden.

Freilich: Nicht alle Bürger unseres Staates kommen in den Genuß dieser Sicherung ihres »dritten Lebensabschnittes«. Sie steht nur jenen zur Verfügung, die sich der staatlichen Mittel bedienen. Wie aber ist es mit jenen, die nie in »abhängiger Stellung« waren – die, aus welchen Gründen auch immer, nicht von der Möglichkeit eines freiwilligen Anschlusses an die vom Staat geschaffenen Möglichkeiten der Altersversorgung Gebrauch machen konnten oder wollten?

Der Vorsitzende der Geschäftsführung der Landesversicherungsanstalt Württemberg, Direktor HELLMUTH HAHN, *zeigt, daß von zehn, die die Möglichkeit hatten, durch eine einmalige Nachzahlung Versicherungsansprüche vergangener Jahre wieder aufleben zu lassen, nur einer Gebrauch gemacht hat.*

Und die anderen? Haben sie alle für ihr Alter vorgesorgt?

Über die »Solidargemeinschaft der gesetzlichen Rentenversicherung« berichtet Direktor BECK, *Vorsitzender der Geschäftsführung der LVA Baden.*

Manche Mitbürger sind versicherungsfrei. Sie haben, weil sie keine Beiträge bezahlt haben, auch keine Ansprüche gegenüber der Bundesversicherungsanstalt für Angestellte oder der Landesversicherungsanstalt. Manche Versicherungspflichtige glauben auch, daß die Ansprüche aus diesem Versicherungsverhältnis zu gering sind. Ihnen erläutert Direktor HANS J. GROSSMANN, *Vorstandsmitglied der Karlsruher Lebensversicherungs AG, die Leistungen aus Beiträgen der privaten Lebensversicherung und die »Drei-Säulen-Konzeption« der Altersversorgung.*

Da es aber auch leider noch Senioren gibt, die weder aus der gesetzlichen noch aus der privaten Versicherung Ansprüche in angemessener Höhe beziehen, hat Bürgermeister Dr. Thieringer, Stuttgart, die Aufgabe übernommen, über Mängel und Grenzen unseres Systems der sozialen Sicherheit im Alter zu sprechen.

Das Thema, das wir uns gestellt haben, wäre nicht vollständig behandelt, wenn nicht die Lebensverhältnisse der alten Menschen, gleichsam als Ausgangsbasis, dargelegt würden.

Herr Prof. Dr. Szameitat, Präsident des Statistischen Landesamts Baden-Württemberg, stellte in einem datenorientierten Strukturbild die Wirklichkeit der Senioren dar.

Die Rente als Ersatz für den Lohn

Hellmuth Hahn
Vorsitzender der Geschäftsführung der Landesversicherungsanstalt (LVA) Württemberg, Stuttgart

Das Kuratorium der Kongresse »Senioren '74« und »Senioren '76« – und damit diese Schriftenreihe – hat sich die Aufgabe gestellt, einen Personenkreis anzusprechen, dessen Existenz niemand leugnen kann, dessen Mitglieder aber in keiner Weise als geschlossene Gruppe auftreten, also auch nicht in unserem Staatsgefüge entsprechend ihrer großen Zahl repräsentiert werden. Im Gegenteil: Bürger, die sich wegen ihres Alters zu dieser Gruppe zugehörig fühlen müßten, bemühen sich intensiv, den Anschein zu vermeiden, als Senior, als alternder Mensch zu gelten oder gelten zu wollen. Die Einstellung der Volksmeinung gegenüber diesem Kreis hat sich zu dessen Ungunsten entwickelt. Während man in früheren Zeiten den alten erfahrenen Bürger als den Weisen ansah, auch ehrte und ihn wegen seiner Erfahrung um Rat fragte, scheint heute gerade das Gegenteil als der Weisheit letzter Schluß zu gelten. Nur der junge, aktiv geltende Mitarbeiter ist gesucht, er – das weiß man schon im vorhinein – wird die Welt umtreiben. Koste es, was es wolle, wenn nur die geplante Expansion erreicht wird. Man vergißt dabei allzu leicht, daß sich ein höherer Gewinn oftmals nicht mit höheren Umsätzen einstellt. Auch zahlt in diesem Fall – im wahrsten Sinne des Wortes – der Prinzipal »das Lehrgeld«, das sonst der Mitarbeiter zu übernehmen hätte. Kurzum: Die Verherrlichung der jungen Mitarbeiter ist Ursache, daß der alternde Mensch nicht mehr »in« ist. Dieser Mensch ist nicht mit dem Rentner identisch. Er kann es sein, braucht es aber nicht, denn Altern ist eine biologische Erscheinung, die nichts Abwertendes in sich trägt. Es kann positive Wertschätzungen beinhalten.

Betrachtet man diesen Personenkreis nach seinen Bedürfnissen, dann kann man feststellen, daß weder im wirtschaftlichen noch im medizinischen Bereich immer zu erkennen ist, daß man sich dieser Menschen annimmt. Kennen wir nicht all die Bemühungen, um die Teen- bzw. Twengruppen zu buhlen. Nicht nur Kleidung, Essen, Trinken, Zeitungen, Sport, Kultur, Film, Urlaub – auch Medizin – alles hat sich auf diese Gruppen ausgerichtet, obwohl eigentlich die wirtschaftlichen Unternehmungen hätten bemerken müssen, daß über Mittel, die die Konsumwirtschaft so notwendig braucht, auch andere Gruppen verfügen.

Probleme gibt es mehr als genug. Wir stellen deshalb einen großen Kreis uns wichtig erscheinender, interessanter Themen heraus, in der Hoffnung, daß wenigstens das eine oder andere Problem einer Lösung zugeführt wird.

Das Thema dieses Bandes befaßt sich mit der sozialen Sicherstellung des Seniors. Obwohl die deutsche Sozialversicherung mit ihren vielen, vielen Novellen und Änderungen als eine der besten Sozialgesetzgebungen der freien Welt gilt, müssen wir trotzdem oder gerade deshalb die Frage stellen, ob der Bürger dieses Staates eine angemessene finanzielle Sicherheit im Alter zu erwarten hat.

Nicht nur in Zeitungen wird – insbesondere vor Wahlen – über Unzulänglichkeiten berichtet, auch Hinweise auf errechnete Durchschnittsrenten scheinen in Frage zu stellen, ob nach der Pensionierung der Lebensunterhalt mit der Rente bestritten werden kann. In diesem Zusammenhang möchte ich darauf hinweisen, daß sich die Sozialpolitik in Deutschland am notwendigen Lebensunterhalt als unterster Grenze orientiert, im übrigen den selbsterworbenen Lebensstandard zugrunde legt. Wir selbst wollen nicht im Alter auf den Lebenszuschnitt verzichten, den wir uns geschaffen haben. Grenzen gibt es nur insoweit, als das Existenzminimum des einzelnen gedeckt sein muß. Somit ist für die finanzielle Sicherheit mindestens das Existenzminimum als Grundvoraussetzung der sozialen Sicherung anzusehen. Dies gilt insbesondere für unser Wirtschaftsprinzip, das dem Geld die Aufgabe zuweist, das Bedürfnis nach Tauschbereitschaft zu befriedigen, dadurch wird der Güteraustausch erweitert und trägt zur Integration und Dynamisierung des Wirtschaftsprozesses bei. Dieses Mittel Geld ist für die Sicherung im gesellschaftlichen Bereich unabdingbare Voraussetzung. Eine soziale Sicherung ist nur möglich, wenn die finanzielle Seite entsprechend gelöst ist. Somit bedarf es der Darstellung, welche finanziellen Sicherheitsmöglichkeiten in Deutschland bestehen, um Antwort auf die soziale Sicherheit überhaupt geben zu können.

Soziale Sicherheitsbestrebungen kennen wir schon in früherer Zeit. Ich meine, daß dies wohl ewige Aufgabe menschlichen Lebens überhaupt ist, den Schutzbedürftigen zu helfen, sie zu unterstützen. Waren es früher familiäre, karitative, christliche, genossenschaftliche oder auch kommunale Verpflichtungen, so konnte in neuerer Zeit, als sich die wirtschaftliche Struktur im 19. Jahrhundert vom Agrarstaat zum Industriestaat in unserem Lande veränderte, diese alte herkömmliche Art der sozialen Sicherheit nicht mehr aufrechterhalten werden. Durch die Geldleistungen war der Arbeiter nur scheinbar freier geworden, zwar konnte er tauschen, aber ob ihm die Mittel reichten, war die große Unbekannte. Die Lust der Freiheit bedeutete oft auch das Elend der Ungeborgenheit bei Schicksalsschlägen des Lebens.

Da der Mensch oft keine Vorstellung hat, welche Gefahren ihm durch die Unbill des Lebens drohen, ist er – das stellen wir auch heute noch fest – in der Blüte seines Lebens, in der Zeit, in der er die volle Schaffenskraft seines Lebens nutzen kann, nicht bereit, sich mit Alter, Krankheit und Not zu identifizieren. Er verschließt sich solchen Möglichkeiten. Allerdings müssen wir auch zu seinen Gunsten unterstellen, daß oft das Einkommen so niedrig war, daß er schon im Arbeitsleben zum Sterben zuviel, zum Leben zuwenig zur Verfügung hatte. Aus diesem Grunde ist eine Pflichtversicherung für einen Teil der Bevölkerung zu Ende des 19. Jahrhunderts sicherlich die einzig richtige Lösung gewesen, um einen Erfolg zu erzielen. Der Staat, der eigentlich diese Idee als eigene Aufgabe finanziell über die Steuern hätte organisieren müssen, war dazu nicht in der Lage. So hat BISMARCK auch im kleinsten Umfang begonnen, mögliche spätere Notlagen des einzelnen auszuschalten, dabei waren die Ärmsten der Armen, zunächst die Zielgruppe, zu der später auch andere, allerdings beruflich Abhängige, hinzukamen. Dies ist der Grund unserer heutigen zersplitterten Sicherungsmöglichkeiten für das Alter. Einen Bedarf sah man für alle Staatsbürger, doch waren die Finanzierungsmöglichkeiten so schwierig, daß man den Kreis möglichst klein hielt, um die echt Bedürftigen zu erfassen. Da die Finanzierung den späteren Empfängern und den Arbeitgebern oblag, waren auch von dieser Seite her Grenzen gesetzt, denn zwei bis drei Prozent des Einkommens als Beitragsleistungen waren damals Forderungen, die kaum erfüllbar erschienen. Heute sind die Beiträge wesentlich höher, allerdings geben die geltenden Grundsätze des Rentenrechts dem Versicherten auch einen Rentenanspruch, der fast seinem bisherigen Einkommen entspricht. Die Rente sollte nicht mehr nur ein Zehrgeld für den einzelnen, sondern Ersatz für den früheren, jetzt nicht mehr zu erhaltenden Lohn sein. Dies ist der große Fortschritt, den uns das Jahr 1957 gebracht hat. Allerdings betrifft dies in erster Linie Pflichtversicherte, die seit Beginn ihres Arbeitslebens Beiträge in die Rentenversicherung bezahlt haben. Wenn nunmehr auch die gesetzliche Rentenversicherung für alle Bürger geöffnet wurde, so wird diese Regelung keine allzu große Bedeutung erlangen, da die Erfahrung gezeigt hat, daß einerseits der Beitrag einen ansehnlichen Anteil am Einkommen ausmacht, andererseits weiterhin erhebliche Vorbehalte bestehen. Dies zeigt deutlich das Verhältnis von Einmalnachzahlungen zu den seit jungen Jahren freiwillig Versicherten: Es ist zehn zu eins.

Die spätere Rentenleistung muß Grundlage der Lebenssicherung des einzelnen sein. Bei den Pflichtversicherten ergibt sich die Höhe entsprechend der bezahlten Beiträge, berechnet nach der Rentenformel. Der privat versicherte Rentner ist hoffentlich so gut beraten worden und hat sich auch danach gerichtet, daß auch ihm der notwendige Betrag bleibt. Trotz dieser so günstigen Situation – auch im Vergleich zu anderen Staaten – scheint sich eine Tendenz anzubahnen, daß wir uns immer bedrückter fühlen und an Zeiten zurückdenken, die angeblich besser waren. Wir können den Wohlstand an Zahlen messen, so zum Beispiel an der Erhöhung der Renten, die ja dynamisiert sind. Wir können auch mit dem zur Verfügung stehenden Geld mehr kaufen, somit auch mehr verbrauchen als früher. Wir können uns mittels der technischen Errungenschaften gerade im Alter Einrichtungen dienstbar machen, die früher gar nicht existierten; und doch gibt es eine allgemeine Unzufriedenheit. Ein Unbehagen macht sich breit, das niemand erklären kann. Gerade alte Menschen äußern sich oft negativ. Sie sind zwar nicht mehr jung genug, um aktiv zu protestieren, doch befürchten sie, die Art ihres Lebenszuschnitts sei bedroht, sie fühlen sich eingeengt und glauben um die Früchte ihres Lebens gebracht zu werden.

Es mag dahingestellt bleiben, ob solche Einstellungen durch die heute so schnellebige Zeit hervorgerufen werden, wobei die Publikationsorgane ihr übriges dazu tun, oder ob sie durch die einzelnen selbst verursacht werden, weil sie sich nicht auf den Lebensabend eingestellt haben. Auch auf den dritten Teil des Lebens muß sich der einzelne vorbereiten. Wenn er dies nicht tut, findet er keine Befriedigung im Alter. Die Tatsache bleibt: Alte Menschen sind leider immer wieder unzufrieden und enttäuscht.

Dies kann uns, die wir uns für die Senioren mitverantwortlich fühlen, nicht gleichgültig sein. Wir müssen versuchen, unterstützend zu helfen, wo dies notwendig ist. So hat die LVA Württemberg in Zusammenarbeit mit der Universität Ulm Thesen erarbeitet, die es dem alten Menschen ermöglichen, sein Leben zu leben. Es sollen Mediziner, Juristen, Soziologen, Politologen, Psychiater, Techniker und viele andere ihren Teil dazu beitragen, eine Lösung zu finden, daß dem alternden Menschen gleichsam ein Fahrplan in die Hand gegeben werden kann, seinen Lebensabend glücklich und zufrieden zu gestalten, so wie er sich's im

Rahmen seines Lebensstandards wünschen kann. Dazu gehört aber insbesondere, daß sich auch der Senior schon vorher bemüht, entsprechende Grundlagen zu schaffen. Wir sind uns dabei im klaren, daß er dazu entsprechende Geldmittel benötigt, die aus den verschiedensten Quellen geschöpft werden müssen.

Die »garantierte« Altersversorgung

Direktor Manfred Beck
Vorsitzender der Geschäftsführung der Landesversicherungsanstalt (LVA) Baden, Karlsruhe

Wir sind in Deutschland seit langem an die Altersgrenze 65 gewöhnt und empfinden sie eigentlich ganz natürlich als zwingenden Lebensabschnitt. Die gesetzliche Rentenversicherung hat sich mit diesem Pensionierungsdatum den beamtlichen Verhaltensweisen angepaßt, oder diese haben die Inspiration für die Grenze aus der Rentenversicherung bekommen. Ein Beweis für die biologische Richtigkeit dieses Datums läßt sich nicht erbringen, was sich durch die mit Einführung der flexiblen Altersgrenze wiederaufgelebte politische Diskussion beweisen läßt.

Fassen wir die Fakten von heute zusammen:
Der Regelfall stellt vorerst weiter auf das Erreichen des Lebensalters 65 ab. Mit diesem wird ein Rentenanspruch aus der gesetzlichen Rentenversicherung von selbst fällig. Außer dem Nachweis des Geburtstermins wird von dem Rentenbewerber in bezug auf seine Person nichts verlangt. Der Gesundheitszustand braucht überhaupt nicht beeinträchtigt zu sein. Wie für fast jedes Versicherungsrisiko aus privaten oder öffentlichen Versicherungsverpflichtungen wird von dem Rentenbewerber eine Minimalzeit an Beitragsleistung verlangt, die wir Wartezeit nennen. Auf diese Wartezeit von 15 Jahren zählen außer den echten Beiträgen jeder Art auch die sogenannten Ersatzzeiten mit, Zeiten, in denen die Beitragsleistung – so jedenfalls das gesetzgeberische Motiv – durch Einwirkungen der Staatsgewalt verhindert war. Das überzeugendste Beispiel ist die Erfüllung der gesetzlichen Wehrdienstpflicht und die Kriegsdienstzeit.

Schon mit der ersten Rentenreform des Jahres 1957 bekam die

bis dahin alleinige Altersgrenze 65 Konkurrenz durch die Möglichkeit, schon mit dem Alter 60 ein Altersruhegeld zu beziehen – das sogenannte vorgezogene Altersruhegeld. Mit 60 Jahren kann gegenwärtig jeder Versicherte das Altersruhegeld beantragen, wenn er in den letzten eineinhalb Jahren vor Stellung seines Antrages mindestens 52 Wochen arbeitslos gewesen ist. Das Motiv ist deutlich: Es gilt, den regelmäßig in abhängiger Erwerbstätigkeit Beschäftigten vor längerer Arbeitslosigkeit – ohne Aussicht auf Wiedereingliederung in den Erwerbsprozeß – und möglicher Inanspruchnahme der Sozialhilfe zu bewahren und ihn dafür auf seine Rechtsansprüche aus der Kraft der Beitragsleistung zu verweisen. 15 Jahre sind auch für diesen Fall das Minimum an Versicherungszeiten.

Den besonderen biologischen Bedingungen der Frau und ihren Belastungen durch die meist regelmäßige Doppelinanspruchnahme aus Beruf und Hausarbeit trägt das Gesetz mit dem vorgezogenen Altersruhegeld für Frauen ab 60 Jahren Rechnung, wofür bei ihnen der Nachweis gefordert wird, daß sie in den letzten 20 Jahren vor Inspruchnahme dieser Leistung mehr als zur Hälfte versicherungspflichtig beschäftigt gewesen sind.

Das Hin und Her der zweiten Rentenreform des Jahres 1972 ließ schließlich die Altersgrenze noch elastischer werden, indem nun ab dem 63. Lebensjahr (für Schwerbehinderte und Berufsunfähige schon ab dem 62. Lebensjahr) ein Altersruhegeld beantragt werden kann. Die Vorverlegung des Altersrentenanspruchs von 65 auf 63 beziehungsweise 62 wird dem Ermessen des Versicherten überlassen. Er kann entscheiden, ob er beispielsweise wegen spürbarer Verbrauchserscheinungen oder auch aus rein persönlichen Motiven schon früher in den Ruhestand zu gehen wünscht. Dieses Vorhaben wird ihm nur insoweit erschwert, als er mit den bisher erwähnten 15 Versicherungsjahren nicht auskommt, sondern deren insgesamt 35 nachweisen muß. Dabei zählen auf diese 35 Jahre neben den erwähnten Beitrags- und Ersatzzeiten auch die Ausfallzeiten mit, zu denen beispielsweise die Krankheits- und Arbeitslosigkeitszeiten gehören.

Um diese bewegliche Altersgrenze war im Zusammenhang mit der Patt-Situation im Deutschen Bundestag des Jahres 1972 eine lebhafte Debatte darüber entbrannt, ob und inwieweit man sich nicht nur vor dem 65. Jahr, sondern auch nachher »berenten« lassen kann. Das Ergebnis war nur die Entscheidung zugunsten einer Vorverlegung, weil es den Befürwortern dieser Richtung in erster Linie um den Schutz der älteren Menschen vor weiteren beruflichen Strapazen ging, während die Befürworter des anderen Systems, die Altersgrenze auch auf einen späteren Termin als 65 zu verlegen, dem Leistungsfähigen damit die Möglichkeit der Rentenverbesserung geben wollten. Die augenblicklich geltenden Vorschriften räumen zwar beim Rentenverzicht bis zum Lebensalter 67 eine zusätzliche Steigerung der zu erwartenden Rentenleistung ein, doch steht dieser Zuwachs in keiner echten Relation zu dem damit zwangsläufig verbundenen Rentenverzicht von bis zu zwei Jahren. Es bedarf dann nämlich etwa weiterer zehn Rentenbezugsjahre, um diesen zweijährigen Rentenverzicht wieder einzuholen. Der Versicherte muß also mindestens 77 Jahre alt werden, wenn sich seine »Mehrarbeit« rentieren soll.

Ist die Altersgrenze von 63 jetzt die richtige Zeit, oder müssen wir weiter variabel werden? Die Gewerkschaften hatten von Anfang an eine schrittweise Vorverlegung bis 60 Jahre in ihre Planungen eingebaut. Außer vom politischen Willen ist die Verwirklichung derartiger Forderungen zwangsläufig von der finanziellen Situation der Rentenversicherungsträger abhängig. Diese finanzielle Situation ist wiederum ein Spiegelbild der wirtschaftlichen Situation in unserem Lande ganz allgemein, denn mehr Beschäftigte mit höheren Verdiensten bringen mehr Beiträge, aus denen abgeleitet höhere Renten heranwachsen können. Eine Rückverlegung auf das Alter 60 bedeutet aber den Verzicht auf fünf Beitragsjahre und damit mindestens den Verzicht auf 10 Prozent an Beitragseinnahmen, wenn man von einer Arbeitsdauer zwischen 15 und 65 Jahren ausgeht. Der Ausgleich dieses Beitragsverlustes wäre natürlich über eine Beitragserhöhung möglich, doch brächte diese Lösung – ganz abgesehen von ihrer geringen Publikumswirksamkeit – noch keinen Ausgleich für den Ausfall von fünf Beitragsjahren für den einzelnen Versicherten. Wer auf fünf Beitragsjahre verzichtet – auch das muß natürlich wieder eine sehr vereinfachte generelle Darstellung sein –, verliert 7,5 Prozent seiner Rente. Ein nochmaliger Ausgleich dieses Verlustes um 7,5 Prozent wäre also über eine weitere Beitragserhöhung zu kalkulieren. Wir sind gegenwärtig bei einem Beitragssatz von 18 Prozent, gemessen am Bruttoarbeitsverdienst des Versicherten, angelangt. Es wird eine Frage sein, die man sehr sorgfältig überlegen müßte, ob diese 18 Prozent überschritten werden sollen, um die Altersversorgung verbessern zu können.

Diese Frage ist aber das Kernproblem schlechthin: Höhere Beiträge im aktiven Berufsleben, ohne weitere zusätzliche Lohnerhöhung aus diesem Anlaß, bedeuten einen gewissen Konsumverzicht. Der Ausgleich flösse dann über eine besser ausgestattete Altersrente an den Versicherten zurück, und dadurch wird der Lebensabend ein wenig sorgloser.

Die soziale Sicherheit der alten Menschen muß in der Diskussion zwangsläufig immer mindestens zwei Betrachtungen begegnen: Der noch voll im Betrieb stehende Erwerbstätige hat bis zum Alter von etwa fünfzig herum vordergründig das Bedürfnis zu verdienen, davon anzuschaffen und davon zu leben. Sicher denkt er am Rande auch an eine ausreichende Altersvorsorge, aber eben doch nur in zweiter Linie. Mit dem Übertritt in den letzten Berufsabschnitt stellen sich diese Überlegungen regelmäßig mehr zugunsten des Vorsorgegedankens für das Alter um, weil man ja, die nähergerückte Altersgrenze vor Augen, an die Möglichkeiten der Ausfüllung der arbeitsfreien Altersjahre denkt. Bei den weiteren Erwägungen über die Vorverlegung der Altersgrenze oder deren zunehmende Beweglichkeit nach beiden Seiten erscheint es mir deshalb durchaus überlegenswert, inwieweit man einen erhöhten Beitrag etwa vom Lebensalter 50 an abverlangt, gerade deshalb, weil sich das auch aus der Psychologie der in Frage kommenden Versicherten leichter als notwendig begründen läßt. Wir wollen ja unter sozialer Sicherheit des alten Menschen nicht das Existenzminimum verstehen, ebensowenig wie wir die allgemeine Versorgung ohne Eigenbeteiligung als das non plus ultra allen Sicherheitsdenkens auf den Schild heben. Im aktiven Erwerbsleben muß der Mensch angeregt werden, diese Vorsorge im Rahmen staatlicher Zwangsmaßnahmen nicht als Eingriff, sondern als Hilfe zu verstehen.

Die unmittelbare Zukunft wird zusätzlich zu all den aufgezeigten Überlegungen dadurch befrachtet, daß der Altersaufbau bis 1985 wegen der Geburtsausfalljahre durch die Kriege nicht günstig ist. Wenn weniger Zahlern mehr Empfänger gegenüberstehen, muß man auch die Verschiebungen der Gewichte zwischen Einnahmen und Ausgaben beachten. Eine Balance dann immer nur über aktuelle Beitragserhöhungen herzustellen scheint mir problematisch. Ein wenig muß das Vorsorgedenken mit ausreichender Rücklagebildung wieder in die öffentlichen Haushalte zurückkehren.

Bei allen Bedingtheiten wirtschaftlicher Prognosen für die nächsten Jahrzehnte bleibt doch das Grundsystem der sozialen Sicherheit darin verankert, daß auch die aktive Generation wissen muß: Ohne Rücksicht auf konjunkturelle Schwankungen ist ihre Sicherheit im Alter genauso garantiert wie in Zeiten wirtschaftlicher Hochkonjunktur. Ich weiß, daß das Thema der sozialen Sicherheit für den einzelnen nicht an Grundfragen orientiert ist, sondern daß es sich für den jeweils Berechtigten an der Höhe der zu erwartenden finanziellen Leistungen mißt. Lassen Sie mich dazu nur mit einem Satz anmerken, daß der gern gebrauchte Hinweis auf die Durchschnittsrenten der sozialen Rentenversicherung sich sehr oft als Mißbrauch darstellt, weil er eben auch diejenigen Größen einbezieht, die gar nicht aus einem beitragsgesicherten Erwerbsleben resultieren. Auch Zahlen von 48 oder 52 Prozent des regelmäßigen Rentenanspruchs vom letzten Arbeitsverdienst sind problematisch, weil sie netto zu brutto setzen, ganz abgesehen von Unwägbarkeiten des Einzelfalles, die zusätzlichen Einfluß gewinnen.

Ein paar Worte zur Rentenberechnung mit einigen wenigen Zahlen, die die Situation verdeutlichen sollen:

Die allgemeine Bemessungsgrundlage des Jahres 1974 als Durchschnittsgröße für die Einkünfte aller Versicherten der Rentenversicherung der Angestellten und der Arbeiter beträgt 14 870,- DM. Sie errechnet sich für einen Versicherten aus den Beiträgen seines gesamten Versicherungslebens. Aus dieser Durchschnittsgröße als dem auch ihm zustehenden persönlichen Bemessungssatz wird die Rente abgeleitet. 14 870,- DM jährlich sind aufgerundet monatlich 1240,- DM. Für jedes zurückgelegte Versicherungsjahr werden beim Altersruhegeld 1,5 Prozent aus der persönlichen Bemessungsgrundlage bewilligt. Im Höchstfalle ergeben sich bei 50 anrechenbaren Versicherungsjahren also: 50 mal 1,5 = 75 Prozent aus 1240,- DM oder 930,- DM Monatsrente. Wenn man bedenkt, daß fünf ausfallende Versicherungsjahre bei einer Zurruhesetzung mit 60 Jahren 7,5 Prozent Abzug bedeuten, dann wird die Monatsrente nur noch 67,5 Prozent der Bemessungsgrundlage ausmachen, also nur noch 837,- DM betragen.

Natürlich müssen auch alle anderen dem heutigen Rentenrecht immanenten Gegebenheiten beachtet werden, insbesondere die Dynamik, die selbstverständlich innerhalb von fünf Jahren die erwähnte Differenz mindestens wieder aufholt, was aber auch nur ein relativer Vergleich sein kann, denn genauso verändern sich die Bezugsgrößen für das Altersruhegeld ab 65 Jahren. Nicht aus amtlicher Verpflichtung und des pathetischen Abschlusses wegen, sondern aus Überzeugung dürfen wir feststellen, daß unser gegenwärtiges Rentensystem die soziale Sicherheit der alten Menschen garantiert, wenn ein volles Berufsleben von der Schulentlassung bis zur Altersgrenze einschließlich der eingangs erwähnten Zwangsunterbrechungen zurückgelegt ist. Wir sollten an diesen Grundsätzen des gegenwärtigen Leistungssystems festhalten. Das schließt natürlich notwendige strukturelle Verbesserungen nicht aus. Ständige Änderungen nur der Opportunität wegen erhöhen indessen weder die Stabilität im allgemeinen, noch die Sicherheit im einzelnen.

Das »Drei-Säulen-Konzept« der Altersversorgung

Direktor Hans J. Grossmann
Mitglied des Vorstandes der Karlsruher Lebensversicherung AG,
Karlsruhe

Nach dem sogenannten »Drei-Säulen-Konzept« beruht die Altersversorgung auf der gesetzlichen, betrieblichen und privaten Vorsorge. Im allgemeinen wird eine Gesamtversorgung von etwa 75 Prozent der vergleichbaren Aktivenbezüge angestrebt. Der allein in der gesetzlichen Rentenversicherung versicherte Angestellte oder Arbeiter kann aber andererseits im Normalfall nur mit einer Rente von annähernd 45 Prozent seines letzten Bruttoeinkommens rechnen. Es ergibt sich folglich für ihn eine Versorgungslücke, die durch die betriebliche Altersversorgung und die Eigenvorsorge, meistens in Form der privaten Lebensversicherung, geschlossen werden muß.

Da die Lebensversicherung aber auch im Rahmen der betrieblichen Altersversorgung zunehmend an Bedeutung gewinnt, soll zunächst auf sie näher eingegangen werden:
    Unter der betrieblichen Altersversorgung ist die Summe aller Maßnahmen zu verstehen, die ein Unternehmen ergreift, um alte und berufsunfähige Arbeitnehmer sowie deren Hinterbliebene zu versorgen. Dies kann auf verschiedene Art und Weise geschehen. Die vier wichtigsten Gestaltungsformen sind
– Pensionszusagen
– Unterstützungskassen
– Pensionskassen
– Direktversicherungen.

Bei den Pensionszusagen werden dem Arbeitnehmer oder dessen Hinterbliebenen nach dem Ausscheiden aus dem Arbeitsverhältnis infolge Berufsunfähigkeit, Pensionierung oder Tod aus Eigenmitteln des Unternehmens Versorgungsleistungen gewährt, vielfach in Verbindung mit Rückdeckungsversicherungen. Durch sie läßt sich das Risiko, vor allem vorzeitiger Versorgungsleistungen, auf private Versicherungsgesellschaften übertragen.

Unterstützungskassen sind rechtlich selbständige Versorgungseinrichtungen und gewähren laufende oder einmalige Leistungen ohne Rechtsanspruch.

Bei den Pensionskassen handelt es sich im allgemeinen um Versicherungsvereine auf Gegenseitigkeit, die Versorgungsleistungen mit Rechtsanspruch gewähren. Schließlich sind Direktversicherungen auf das Leben des Arbeitnehmers abgeschlossene Einzel- oder Gruppenversicherungsverträge zwischen dem Unternehmen und einer Versicherungsgesellschaft.

Zur Zeit liegt der Entwurf für ein Gesetz zur Verbesserung der betrieblichen Altersversorgung vor. In der Begründung dazu heißt es:

> »Die betriebliche Altersversorgung bietet einem großen Teil der Arbeitnehmer eine wertvolle und notwendige Ergänzung der durch die Sozialversicherung gewährten Alterssicherung. Die Bundesregierung erkennt grundsätzlich diese sozialpolitische Funktion der betrieblichen Altersversorgung an. Sie hat aber stets auch betont, daß diesem ergänzenden Sicherungssystem noch Mängel anhaften, die seine soziale Bestimmung beeinträchtigen.«

Der Entwurf sieht im wesentlichen drei Maßnahmen vor:

1. Unter bestimmten Voraussetzungen darf die Altersversorgung beim Ausscheiden des Arbeitnehmers aus dem Betrieb nicht verfallen, wenn es vor Eintritt des Versorgungsfalles geschieht.
2. Anderweitige Versorgungsbezüge (insbesondere die Renten aus der gesetzlichen Rentenversicherung) auf Leistungen der

betrieblichen Altersversorgung dürfen nicht in jedem Falle und in jeder Höhe angerechnet werden.

3. Die Altersgrenze soll an die flexible Altersgrenze der gesetzlichen Rentenversicherung angeglichen werden.

An einer Regelung für die Absicherung der Versorgungsansprüche, wenn der Betrieb zahlungsunfähig werden sollte, wird noch gearbeitet. Es ist unbestritten, daß gerade diese Absicherung den sozialpolitischen Wert der betrieblichen Altersversorgung beträchtlich erhöhen wird.

In besonders geeigneter Weise kommt die Direktversicherung den Anforderungen des Gesetzentwurfs entgegen. Ein Vorteil der Direktversicherung liegt auch darin, daß sie den Betrieben das versicherungstechnische Risiko abnimmt. Sie bietet sich deshalb besonders für Mittel- und Kleinbetriebe als geeignet an, für Betriebe also, deren Wunsch es ist, kein über die Beitragszahlung hinausgehendes Risiko zu übernehmen.

Als dritte Säule der Altersversorgung – der privaten Vorsorge – ist in erster Linie die Lebensversicherung zu nennen. Mit ihr läßt sich auf individuelle Art und Weise die Versorgungslücke restlos schließen. Die Lebensversicherer verfügen über einen breiten Fächer von Tarifen.

Die sogenannte gemischte Versicherung ist eine der zweckmäßigsten und in Deutschland nach wie vor populärsten Tarifformen. Die Versicherungssumme wird bei Tod, spätestens bei Erleben des vereinbarten Termins fällig und kann entweder in einer Summe ausgezahlt oder – voll oder teilweise – verrentet werden. Selbstverständlich läßt sich die Altersvorsorge von vornherein auch durch den Abschluß einer Rentenversicherung ergänzen.

Durch den Einschluß von Zusatzversicherungen ist eine Abrundung des Versicherungsschutzes möglich. Hier bietet sich insbesondere die Berufsunfähigkeits-Zusatzversicherung an. Sie stellt durch Beitragsfreistellung bei Berufsunfähigkeit die Altersversorgung in unveränderter Höhe sicher und sieht auf Wunsch eine Berufsunfähigkeitsrente vor. Des weiteren ist die Unfall-Zusatzversicherung zu erwähnen, die eine Erhöhung der Hinterbliebenenversorgung ermöglicht.

Das Dritte Steuerreformgesetz, das ebenfalls im Entwurf vorliegt, gewährleistet, daß die eigenverantwortliche Alters- und Hinterbliebenenversorgung auch künftig gefördert wird. Die Steuerbegünstigung der Lebensversicherung bleibt weitgehend erhalten. Erfreulich ist die längst fällige und immer wieder geforderte Anhebung der Sonderausgabenhöchstbeträge für Vorsorgeaufwendungen. Sie sollen auf 5400,- DM für Ledige und 10 800,- DM für Verheiratete zuzüglich 600,- DM für jedes Kind angehoben werden. Die Vorwegabzugsbeträge für Versicherungsbeiträge würden sich auf 4200,- DM (bei Verheirateten auf 8400,- DM) erhöhen.

Allerdings müssen wir wohl mit einer völligen Umgestaltung des Abzugs der Sonderausgaben rechnen. Die als Sonderausgaben anerkannten Lebensversicherungsbeiträge können dann nicht mehr – wie bisher – im Rahmen der alten Höchstbeträge am steuerpflichtigen Einkommen, sondern nur noch im Rahmen der neuen Höchstbeträge einheitlich mit 22 Prozent ihres Betrages an der Steuerschuld gekürzt werden. Unabhängig von der Einkommenshöhe würde danach die Steuerersparnis 22 Prozent der Beiträge – zuzüglich Kirchensteuerersparnis – betragen.

Neben der Steuerersparnis ist es vor allem die Versichertendividende, die wesentlich zur Rendite der privaten Lebensversicherung beiträgt. Durch die Versichertendividende erhöht sich die Ablaufleistung bei einer gemischten Versicherung mit einer Dauer von 30 Jahren – auf der Basis der heute gültigen Dividendensätze – immerhin auf mehr als das Doppelte der vereinbarten Versicherungssumme. Quellen der Versichertendividende sind in erster Linie Zins- und Sterblichkeitsgewinne, die aus dem Unterschied zwischen tatsächlich erwirtschaftetem und rechnungsmäßigem Zins beziehungsweise zwischen rechnungsmäßiger und tatsächlich vorhandener Sterblichkeit resultieren. Alle Überschüsse werden nahezu vollständig der sogenannten Gewinnreserve der Versicherten zugeführt und als Versichertendividende weitergegeben.

Unter Zugrundelegung einer 22prozentigen Steuerersparnis und einer auf den zur Zeit gültigen Dividendensätzen beruhenden Versichertendividende kann bei einer gemischten Versicherung eine Erlebensfallrendite von mehr als 7 Prozent erzielt werden. Dabei ist zu berücksichtigen, daß dieser Wert vor allem von der Versicherungsdauer abhängt. Im allgemeinen wird man davon auszugehen haben, daß die Renditen bei Versicherungsdauern von 25 Jahren etwa 7 Prozent betragen; bei kürzerer Dauer werden sie darüber, bei längerer auch darunter liegen. In diesem Zusammenhang darf aber nicht übersehen werden, daß die Versicherungssumme in aller Regel auch dann gezahlt wird, wenn der Versicherte bereits kurz nach Abschluß des Vertrages stirbt, selbst wenn er nur einen einzigen Monatsbeitrag aufgebracht hat.

Wenn man sich nun für die Rendite des eigentlichen Sparvorgangs interessiert und die Teile der Beiträge, die sich auf den Risikovorgang beziehen, außer Betracht läßt, so erhöht sich die Erlebensfallrendite um mehr als 0,5 Prozent. Man kann also sagen, daß sich im Durchschnitt der Sparvorgang einer gemischten Versicherung unter den genannten Voraussetzungen mit mehr als 7,5 Prozent rentiert.

Anders ausgedrückt: Solange die Geldentwertungsrate über 25 Jahre hinweg jährlich nicht gleichbleibend höher ist als 7,5 Prozent – das ist freilich für eine solche Dauer sehr viel –, braucht der Versicherungsnehmer nicht zu befürchten, daß er sich am Ende für seine Versicherungsleistung weniger kaufen kann, als wenn er die Sparanteile seiner Beiträge laufend verausgabt hätte.

Abschließend soll noch auf eine Entwicklung eingegangen werden, die immer mehr an Bedeutung gewinnt. Gemeint sind die sogenannten dynamischen Tarife verschiedener Lebensversicherungsgesellschaften. Es handelt sich hier um spezielle Tarife oder Klauseln, die vorsehen, daß sich die Beiträge aufgrund fest definierter Bezugsgrößen regelmäßig erhöhen und damit ein Anwachsen der Versicherungsleistungen zur Folge haben. Im allgemeinen verlangen die Versicherer keine erneute Prüfung des Gesundheitszustandes. Als Bezugsgrößen, die den laufenden Anpassungen zugrunde liegen, gelten entweder der Höchstbeitrag in der gesetzlichen Rentenversicherung oder konstante Steigerungssätze.

Bei der Mehrzahl der Versicherer finden wir die erste Form, also die Koppelung an die Beiträge der gesetzlichen Rentenversicherung und damit an die Einkommensentwicklung. Da die Zuwachsraten der Einkommen in aller Regel über den Geldentwertungsraten liegen, ist somit die ständige Anpassung der Beiträge ein weiterer Faktor, der dafür sorgt, inflatorische Einflüsse auszugleichen. In jedem Fall stellt sich die private Lebensversicherung als geeignetes Mittel dar, die Altersversorgung aus der gesetzlichen Rentenversicherung und der betrieblichen Altersversorgung zu ergänzen und die angestrebte Vollversorgung zu erreichen.

Unsichere Sicherung – Mängel und Grenzen der sozialen Sicherung im Alter

Bürgermeister Dr. ROLF THIERINGER
Stuttgart

Im Wunsch- und Wertdenken unserer Epoche rangiert der Begriff der Sicherheit – und zwar Sicherheit in sehr umfassender Weise verstanden – als nahezu ideale Zielvorstellung ganz oben. Die vielfach fast naive Fortschrittsgläubigkeit seit dem 19. Jahrhundert ist durch politische und wirtschaftliche Zusammenbrüche schwer erschüttert worden, so daß die Suche und Sehnsucht nach Beständigkeit und Sicherheit materiell, psychologisch und geistig schon allein aus der historischen und individuellen Lebenserfahrung verständlich, ja konsequent erscheinen.

Der gerade heute wirkungsvolle individualistische Theologe SÖREN KIERKEGAARD hat vor 130 Jahren in seiner Schrift »Begriff der Angst« von seiner Gegenwart gemeint: »In dieser Zeit hingegen braucht man kaum 16 Jahre alt zu sein, um einzusehen, daß der, welcher nun auf dem Theater des Lebens auftreten soll, dem Manne gleicht, der von Jericho nach Jerusalem zog und unter die Räuber fiel.« Ergibt sich möglicherweise aus solcher mehr theologisch-philosophisch begründeten Analyse und Diagnose nicht auch zu einem guten Teil unser System sozialer Sicherungen und unser wenigstens vom Postulat her sozialer Rechtsstaat?

Schon einige Jahrzehnte vor dem dänischen Theologen hatte im Schatten der französischen Revolution der von liberal-humanistischen Ideen getragene preußische Staatstheoretiker WILHELM VON HUMBOLDT seinen »Versuch, die Grenzen der Wirksamkeit des Staates zu bestimmen« geschrieben. In diesem wichtigen Werk forderte und folgerte HUMBOLDT – immer wieder um den Begriff Sicherheit ringend – den Sicherheitsstaat;

das heißt, er definierte, den Bürgern äußere Sicherheit zu garantieren sei der eigentliche Gegenstand der Wirksamkeit des Staates.

Obwohl 90 Jahre später, in den achtziger Jahren des letzten Jahrhunderts, BISMARCK seine Sozialgesetzgebung wie seine gesamte Innenpolitik darin motiviert sah, mit ihrer Hilfe Beunruhigungen für seine Außenpolitik von innen her fernhalten zu können, so ist es doch um so eindrucksvoller, feststellen zu müssen, daß von all dem, was BISMARCK als sein politisches Werk hinterließ, kaum noch Ruinen vorhanden sind, daß aber allein seine Sozialpolitik all die Stürme und Katastrophen, in denen seine Reichsgründung unterging, bis heute im Prinzip fast unverändert überdauert hat. Sein »Staatssozialismus«, wie er sein Versicherungswerk selbst nannte, war ihm nur Hilfskonstruktion der Außenpolitik. In seinen »Gedanken und Erinnerungen« widmet er ihm kein Wort, aber dieses klassische Sozialversicherungswerk ist bis heute in immer mehr perfektionierter und differenzierter Funktion. Die institutionelle Stabilität der Sozialversicherung und ihre materielle Dynamisierung sind international anerkannte sozialpolitische Errungenschaften, und die Egalisierung der Beiträge bestätigt materiell die Solidarität der Arbeitnehmer. – Aber längst ist die Sozialversicherung auch zu einer auf staatlichem Zwang aufbauenden Wohlfahrtseinrichtung der Arbeitnehmer untereinander geworden.

So, wie staatliche Sicherheitskonstruktionen in der Gesamtheit der deutschen Wirtschaftspolitik, etwa in Form der traditionsreichen deutschen Schutzzollpolitik, nicht vereinzelt dastehen, sondern in ein großes System subventionistischer und protektionistischer Maßnahmen gehören, so läßt sich eine entsprechende Sicherheitsmentalität seit Jahrzehnten auch auf sozialpolitischem Gebiet feststellen.

Nachdem der Staat einmal begonnen hatte, die Vor- und Fürsorge gegen unvermeidliche Übel des wirtschaftlichen und sogar des menschlichen Lebens zu übernehmen, wuchsen Bereitschaft und Automatik, Staatshilfe in allen Lebenslagen anzurufen und vieles, das auch durch Selbsthilfe geschehen könnte, auf öffentliche Kassen abzuwälzen. Auch umgekehrt: Was Staat und Bürokratie in ihrem Sinn als Sozialpolitik entworfen hatten, gaben sie nicht mehr aus der Hand; diese Sozialpolitik machte den Staat zum Sozial- und Wohlfahrtsstaat, von dem die Staatsbürger zunehmend als Grundrecht ihre soziale Sicherheit erwarten.

In dieser totalen Sicherungs- und Versicherungserwartung unserer Gesellschaft jedoch zeigen sich Lücken und unzureichende Individual- und Solidar-Vorkehrungen, aber auch unzureichende Sicherungsmöglichkeiten. Ein gravierendes Beispiel dafür ist nach diesen grundsätzlichen Vorbemerkungen zur Sicherheitsfrage im sozialpolitischen Feld die konkrete Frage nach den Mängeln und Grenzen der sozialen Sicherung im Alter. Auf dem Hintergrund einer informativen und kritisch aufbereiteten statistischen Analyse wird deutlich, warum und in welchem Umfang gerade in den Nachkriegsjahrzehnten die Altenhilfe mehr und mehr zu einem Schwerpunkt der Sozialpolitik und Sozialarbeit in unserem Land und in unserer Gesellschaftsstruktur geworden ist. Kritische Soziologen behaupten sogar, unser als »Jahrhundert des Kindes« proklamiertes Säkulum werde als »Jahrhundert des älteren Menschen« zu Ende gehen.

Die Notwendigkeit einer verstärkten Daseinsvorsorge für den älteren Menschen läßt sich schon aus der medizinischen Situation und Entwicklung ablesen. Es sei in diesem Zusammenhang ein Satz von SCHÄFER zitiert:

»Die Medizin hat unser Leben verlängert, bekämpft aber nur noch bestimmte Krankheiten wirksam. Andere Krankheiten werden dafür häufiger und die Menschen insgesamt kränker, nur sterben sie an diesen Krankheiten nicht.« Von 1000 der über 60jährigen leiden 400 an einer chronischen Krankheit, die sie in unterschiedlichem Maß von fremder Hilfe und Pflege abhängig macht. Gleichzeitig ist jedoch die frühere Großfamilie als Daseins- und Sorgeverband für drei und mehr Generationen immer weitgehender durch die moderne Eltern-Kind-Familie abgelöst worden und der ältere Mensch damit weitgehend auf die Hilfe von Staat und Gesellschaft angewiesen. Die Frage, ob und inwieweit die Struktur unserer Sozial- und Gesundheitsdienste und unser System der sozialen Sicherung dieser Entwicklung Rechnung tragen, ist berechtigt.

Zunächst ist festzustellen, daß trotz der zunehmenden Zahl chronischer Erkrankungen die Erkenntnisse und Möglichkeiten der modernen Medizin gerade für den alternden und für den älteren Menschen bei weitem noch nicht voll genützt werden. Notwendig sind für den älteren Menschen differenzierte Behandlungsmöglichkeiten, durch die, entsprechend seinen verschiedenen, sich überlagernden Krankheiten, alle Therapien zur Rehabilitation des älteren Menschen gebündelt eingesetzt werden können, um ihn soweit wie möglich und zumutbar von Pflege unabhängig zu machen. Die starre Alternative zwischen der Behandlung durch den Hausarzt und dem zeitlich beschränkten Aufenthalt im Akut-Krankenhaus oder der Daueruntergbringung im Pflegeheim wird diesem Bedürfnis nicht gerecht. Was not tut sind Geriatrische und Geronto-Psychiatrische Kliniken oder Krankenhäuser für chronisch Kranke, aber auch die Möglichkeit ambulanter Behandlung. Keinesfalls sollte die große Zahl chronisch Kranker und sogenannter Pflegefälle unter den älteren Menschen von vornherein als unveränderbare Größe oder als naturgegebenes Faktum angesehen werden. Allerdings lassen sich daraus sozialpolitische Forderungen nicht ohne kritische Rückfragen an unser Kassenrecht stellen.

Trotz aller Bemühungen und Fortschritte im Bereich des Gesundheitswesens werden wir davon auszugehen haben, daß die Zahl chronisch kranker und pflegebedürftiger älterer Menschen weiter zunimmt. Neuere Untersuchungen ermitteln einen Pflegebedarf für nicht weniger als 10 Prozent der über 65jährigen. Deshalb muß zunächst der Ausbau der sozialpflegerischen Dienste und Einrichtungen verstärkt fortgesetzt werden. Dabei sind der Bereitstellung altersgerechter Wohnungen und dem Angebot ambulanter Hilfsdienste besondere Beachtung zu schenken. Dadurch werden sowohl im Interesse des Personals als auch der Benutzer die Betreuungsleistungen auf das notwendige Maß beschränkt. Zugleich bedeuten Angebot und Einsatz ambulanter Dienste für den älteren Menschen die Erhaltung eines größtmöglichen Freiheitsspielraums in der Gestaltung seines Tagesablaufs.

Während der vergangenen Jahre sind vor allem in den Großstädten zahlreiche ambulante Hilfsdienste geschaffen worden: Haushilfe und Essenszubringerdienst ebenso wie Hauspflege und häusliche Krankenpflege wollen es dem älteren Menschen ermöglichen, solange als möglich in seiner eigenen Häuslichkeit zu bleiben. Durch die Zusammenfassung der ambulanten Hilfsdienste in Sozialstationen oder Dienstleistungszentren wird deren größtmögliche Effektivität angestrebt – effektiv nicht nur im Interesse eines rationellen Einsatzes, sondern auch unter dem Gesichtspunkt, daß die einzelnen Dienste von den älteren Bürgern angenommen werden und Breitenwirkung erlangen.

Für ältere Menschen, die eine weitergehende Versorgung und Pflege benötigen, werden parallel und ergänzend zu den sinnvoll aufeinander abgestimmten offenen Diensten landauf-landab mehrgliedrige Altenwohnanlagen als Kombination von Altenwohnungen, Altenheim und Altenpflegeheim gebaut. Trotz oder gerade wegen des erkannten großen Nachholbedarfs auf allen Gebieten der Altenhilfe sind bei den Sozialinvestitionen und Sozialinstitutionen für die älteren Bürger beachtliche Fortschritte erkennbar. Ebenso unverkennbar sind jedoch auch Unbehagen und Sorge, die sich bei Trägerverbänden und Sozialverwaltungen, Sozial- und Kommunalpolitikern und besonders bei den Benutzern breitmachen, wenn sie die Kostenentwicklung dieser Dienste und Einrichtungen betrachten. Gilt dies schon für die ambulanten Hilfsdienste, für die auch nur annähernd kostenechte Benutzungsgebühren den älteren Menschen von einer Inanspruchnahme abschrecken und damit die prophylaktische Wirksamkeit in Frage stellen, so wird es bei Alten- und Altenpflegeheimen noch sehr viel bedenklicher. Bei Pflegesätzen von mehr als 40,- DM pro Tag im Pflegeheim liegt die Frage nahe, wann der Zeitpunkt erreicht sein wird, in dem fast kein Bürger und kein Patient mehr in der Lage sein wird, für die Kosten des Heimaufenthalts selbst aufzukommen. Wenn aber die Lasten aus der wünschenswerten Benutzung sozialer Dienste und Einrichtungen für die große Mehrheit unserer Bürger unerschwinglich sind und die Einkommen bis auf geringe Taschengeldbeträge aufgezehrt werden, dann führt die soziale Sicherung nicht zu größerer Freiheit, sondern zu höherer Abhängigkeit. Anders als der noch im eigenen Haushalt lebende ältere Mensch, kann der Heimbewohner auf ein sinkendes Realeinkommen nicht durch Verzichtleistungen und Einschränkungen der Lebenshaltung reagieren; bei ihm schlagen sich die Personalkosten für die arbeitsintensive Versorgung und Pflege über den üblichen Preisanstieg, und leider auch oft über die Höhe der Rentenanpassung hinaus, sofort und unmittelbar auf den Selbstkosten deckenden Pflegesatz nieder. Ähnliches gilt für die überdurchschnittliche Steigerung der Bodenpreise und Baukosten, die über Kapitalkosten und Abschreibung ebenfalls in den Pflegesatz eingehen.

In diesem Zusammenhang muß die Frage nach der Berechtigung und Zumutbarkeit des Prinzips der Selbstkostendeckung gestellt werden. Abgesehen davon, daß der Kapitaldienst schon durch die Gewährung von Mitteln des sozialen Wohnungsbaus und anderer Finanzierungshilfen von Bund, Land und Kommune erheblich verringert wird, sollte bei den Forderungen nach einer weitergehenden Subventionierung nicht übersehen werden, daß diese den wirtschaftlich Schwachen überhaupt nicht oder nur unwesentlich entlasten, dagegen dem wirtschaftlich Starken zumutbare Lasten abnehmen. Dagegen könnte analog zur Konstruktion des Krankenhausfinanzierungsgesetzes und der Bundespflegesatzverordnung ein »Altenheimförderungsgesetz« für Träger als Investitionsanreiz zum Bau von Altenwohnanlagen und für die Heimbewohner als Entlastung zugunsten einer Reduzierung auf Benutzerkosten durchaus hilfreich sein.

Aus grundsätzlichen Erwägungen sollte das Problem der hohen und steigenden Pflegesätze für die personalintensiven sozialen Dienste und Einrichtungen im Bereich der Altenhilfe nicht allein über institutionelle Förderungen, sondern durch einen Ausbau unseres Systems der sozialen Sicherung gelöst werden. Im Unterschied zu den bereits erzielten Fortschritten im Investitionsbereich muß aber auf dem Gebiet der sozialen Sicherung leider eine Stagnation festgestellt werden, zumindest soweit es darum geht, die Risiken einer chronischen Erkrankung oder Pflegebedürftigkeit abzudecken.

Zwar springt überall dort, wo die eigenen Mittel zur Bezahlung der selbstkostendeckenden Pflegekosten nicht ausreichen, die Sozialhilfe als »Ausfallbürge« ein. Diese Lösung kann jedoch aus verschiedenen Gründen nicht voll befriedigen – weniger deshalb, weil gerade ältere Bürger den Weg zum Sozialamt immer noch als degradierend empfinden, als vielmehr wegen der nivellierenden Wirkung der Sozialhilfe, die niemandem mehr zuzubilligen vermag als ein menschenwürdiges Dasein, und die deshalb dem Hilfesuchenden seine darüber hinausgehenden Mittel und Lebensansprüche vorrechnet und einebnet – Lebensqualität, die sicher oft genug durch mühsame Lebensleistung errungen worden ist. Die überall diskutierte und in manchen Städten bereits praktizierte Regelung, wenigstens das Taschengeld der Heimbewohner in Höhe eines bestimmten Prozentsatzes vom Einkommen festzusetzen, mildert diesen Grundsatz zwar etwas ab. Die soziale Berechtigung der Heranziehung von unterhaltspflichtigen Angehörigen sowie die Inanspruchnahme vorhandenen Vermögens jedoch dürften unaufgebbare Prinzipien der Sozialhilfe bleiben – aber das ist Hilfe mit Almosencharakter und keine Systemverbesserung. So gesehen offenbart die zunehmende Inanspruchnahme von Sozialhilfe in der besonderen Lebenslage, Altersheimkosten nicht mehr allein und aus eigenem Einkommen und Vermögen aufbringen zu können, die Unsicherheit eines an sich sicheren Systems.

Auch die in der sozialpolitischen Diskussion geforderte Mindest(Volks)-Rente wäre kein Allheilmittel. Sie würde zwar bei vielen älteren Bürgern die wirtschaftliche Lebensgrundlage verbessern, nicht aber die Situation der Bewohner in den Alten- und Altenpflegeheimen verändern. Bei ihnen geht es ja um mehr und anderes als um den Austausch des bisherigen Arbeitsentgelts gegen ein angemessenes Altersruhegeld. Ihr Lebensbedarf liegt weit über den Aufwendungen im eigenen Haushalt und beträgt gegenwärtig im Altenheim oft schon mehr als 1000 DM und im Pflegeheim bis zu 1500 DM monatlich! Wenn aber der Aufenthalt im Alten- und Altenpflegeheim zu einer »normalen Sondersituation« älterer Menschen geworden ist und vollends werden wird, sollte es naheliegen, in unser vielgepriesenes, aber lückenhaftes System der sozialen Sicherungen eine Sonderregelung für dieses versicherungsmathematisch ziemlich präzis faßbare Lebensrisiko Alter einzuführen. Zur sozialen Krankenversicherung und Rentenversicherung müßte eine »soziale Heimversicherung« treten. Diese müßte von der Leistungsseite her in dem Sinne bedarfsdeckend sein, daß sie neben der Übernahme der Pflegesätze einen dynamisierten Betrag zur Abgeltung individueller Bedürfnisse vorsieht. Leistungsvoraussetzung wäre die objektivierbare Heim- oder Pflegebedürftigkeit, ohne deren Vorliegen schon aus Kapazitätsgründen, zumindest vorläufig, ohnehin niemand in ein Heim aufgenommen werden könnte. Eine andere Möglichkeit wäre, für ältere Menschen, die auf die mit dem Alten- und Altenpflegeheim verbundenen Dienstleistungen angewiesen sind, analog zum »Wohngeld« ein »Heimgeld« einzuführen. Ähnliche Leistungen müßten dann allerdings auch für die hauswirtschaftlichen oder pflegerischen Dienstleistungen der ambulanten Hilfsdienste gewährt werden können.

Aber auch schon in unserem jetzigen System der sozialen Sicherung könnte eine Lösung gefunden werden, wenn die auch im neuen Krankenhausfinanzierungsgesetz leider beibehaltene Trennung zwischen Krankenhausbehandlung und dem sogenannten Pflegefall aufgegeben und damit die Kostenübernahme durch die Krankenkassen ermöglicht würde. Erfreulicherweise geht die Rechtsprechung der Sozialgerichtsbarkeit bereits in diese Richtung. So hat der 3. Senat des Bundessozialgerichts in der ausführlichen Begründung seines Urteils vom 18. November 1969 zu der Frage, ob ein Krankenhausaufenthalt notwendig ist, festgestellt, es komme »auf die medizinische Notwendigkeit, nicht aber darauf an, ob nach der Art der Erkrankung eine Gesundung oder auch nur eine Besserung zu erwarten ist«. Und weiter: »Die Krankenhauspflege darf nicht abgebrochen werden, wenn der Abbruch die weitere Behandlung gefährden würde.« Das Bundessozialgericht kommt in Auslegung des § 184 Abs. 3 Nr. 1 und Abs. 4 der RVO zu der beachtlichen Empfehlung, daß in Fällen, in denen eine Behandlung beziehungsweise Pflege in der Familie nicht möglich sei, »die Krankenkasse möglichst Krankenhauspflege gewähren« sollte, zumal es in derartigen Fällen nicht angängig sei, die Krankheit als Pflegefall zu bezeichnen und eine weitere Betreuung abzulehnen.

In einer gesellschafts- und sozialpolitischen Phase, in der die mit einer legalisierten Abtreibung verbundenen Kosten zum Leistungskatalog der gesetzlichen Krankenkasse erklärt werden könnten, sollten unsere Parlamentarier auch und erst recht anstelle von unverbindlichen Verbaldemonstrationen eine RVO-Reform beschließen, die Pflege und Krankheit im Alter nicht zum Sozialfall werden läßt, sondern sie in ein gesichertes Versorgungssystem integriert.

Sicherlich lassen sich alle diese Erwartungen und Verbesserungen ohne Erhöhung der Versicherungsbeiträge oder der Steuerbelastung nicht verwirklichen. Es sollte jedoch davon ausgegangen werden dürfen, daß die Bevölkerung zu entsprechenden Opfern bereit ist. In jedem Fall hängen von einer befriedigenden Lösung des Problems, die älteren Menschen auch bei Eintritt von Pflegebedürftigkeit ihre wirtschaftliche und persönliche Unabhängigkeit erhält, die Glaubwürdigkeit und das Vertrauen in die soziale Effizienz unseres Systems der solidarischen Altenhilfe ab.

Die durchschnittliche Lebenserwartung hat sich in den letzten hundert Jahren mit auf über 70 Lebensjahre für Männer und Frauen nahezu verdoppelt, und aus der demographischen Beobachtung wissen wir, daß für eine heute 70jährige Frau eine Lebenserwartung von mehr als 11 Jahren, für eine 75jährige Frau von über 8 Jahren und für eine 80jährige Frau von 6 Jahren angesetzt werden darf – nicht nur medizinisch-soziologisch interessante Erkenntnisse und Fortschritte, sondern im Zusammenhang mit Aspekten der Geburtenentwicklung und der flexiblen Altersgrenzen bei der Altersversicherung auch eine grandiose volkswirtschaftliche Problematik und Aufgabe.

Wir wissen zudem, daß die Wahrscheinlichkeit und Notwendigkeit, in ein Heim oder in ein Pflegeheim gehen zu müssen, schon vor der Mitte des achten Lebensjahrzehnts einsetzt, daß also vermehrte institutionelle und personelle Vorsorge getroffen werden muß. Der Ausbau des gerontologischen Netzes als System offener und geschlossener Altenhilfe-Einrichtungen braucht als Voraussetzung und Fundament den Ausbau der Reichsversicherungsordnung, der Alters-Sozialversicherung. »Weil Du alt bist, bist Du arm«, ist weder ein Alibi noch ein gesellschafts- und sozialpolitisch akzeptabler Tatbestand.

Die Versorgung in der Mehrgenerationenfamilie wird mehr und mehr zurückgehen, die Separierung der Generationen wird sich aus vielerlei Gründen strukturell verfestigen. Die soziale Sicherung dieses vierten großen Lebensabschnitts nach Kindheit, Jugend und der produktiven Einbindung in die Leistungsgesellschaft bis zur Pensionierung wird zu einem ethischen und gesellschaftspolitischen Maßstab für die Solidarqualität unserer sozialstaatlichen Entwicklung und Ordnung. Der hohe Lebens- und Zielwert »Sicherheit« als Garantie für eine berechenbare Lebensführung von der Konzeption bis zum Tode menschlichen Lebens ist – darüber sollten wir uns nicht hinwegtäuschen – zugleich aber auch ein Problem des Verlustes an Entscheidungsumfang und Selbstverfügung im selbstgelebten Daseinsraum. Spontaneität und Bereitschaft zum Risiko, Selbsthilfe und familiäre Sorge und Vorsorge werden abgelöst von der Daseinsfürsorge und Daseinsvorsorge aus Leistungen der staatlichen und gesellschaftlichen Mächte.

Verkennen wir doch bei all diesen berechtigten und notwendigen sozialen Erwartungen und erforderlichen Wandlungen auch nicht die Gefahr, daß im Versorgungs- und Wohlfahrtsstaat mit der Gewährung oder dem Ertrag von Sozialleistungen ganze Bevölkerungsgruppen manipuliert und reguliert werden können und daß wir es auf Dauer mit einem sozialstaatlich überzuckerten Enteignungsprozeß an individueller Lebensführung zugunsten von mächtigen Verteilungsapparaturen zu tun haben könnten.

Der hohe Wert und die große Wichtigkeit verbesserter sozialer Sicherung gerade für das Alter und im Alter sind unbestritten – bei der Rezeptur jedoch sollte nicht nur der materielle Preis bedacht werden.

Der Statistiker hat das Wort

Prof. Dr. KLAUS SZAMEITAT
Präsident des Statistischen Landesamtes Baden-Württemberg,
Stuttgart
(in Zusammenarbeit mit Dr. JUTTA SCHMUCKER)

Die Lebensverhältnisse der älteren Menschen aus der Sicht des Statistikers, also auf der Basis von Datenmaterial, zu beschreiben ist eine schwierige Aufgabe. Der weitgespannte Bereich der Lebensverhältnisse umfaßt über zahlenmäßig greifbare und zählbare Tatbestände hinaus viele wichtige Dinge, die für den einzelnen alten Menschen und für diese Gruppe unserer Gesellschaft von zentraler Bedeutung sind:

- die persönliche Einstellung des alten Menschen zu seiner Umgebung,
- das Maß der Zufriedenheit beziehungsweise Unzufriedenheit mit seinen Lebensverhältnissen,
- die Art der Bewältigung des Schicksals des Älterwerdens im Ablauf des Lebens.

Zu all diesen Fragen kann der Statistiker von seinen Daten und seiner Kenntnis her wenig oder zumeist gar nichts sagen. Er kann sich nur an die ihm bekannten objektiven Tatbestände halten und sie unter dem zentralen Gesichtspunkt des Umreißens der Lebensverhältnisse der älteren Menschen analysieren und darstellen.

Eine zweite Grenze tut sich auf: Der Statistiker ist kein Sozialpolitiker. Er kann und muß lediglich dem sozialpolitisch Verantwortlichen Informationsgrundlagen und Entscheidungshilfen liefern. Dabei kann er freilich durch eine datenorientierte Vorausschau gewisse – aus heutiger Sicht wahrscheinliche – Entwicklungslinien aufzeigen und vielleicht einmal – schon hart an der Grenze seines Arbeitsfeldes – den Versuch unternehmen, eine orientierende Modellrechnung als Ausgangspunkt für die folgenden sozialpolitischen Referate durchzuführen, etwa über den für den alten Menschen nötigen oder angemessenen materiellen Rahmen, soweit sein Material hierfür Ausgangspunkte bietet und seine gleichzeitige Eigenschaft als kritischer Staatsbürger ihn hierzu ermuntert.

Schon die Abgrenzung des Personenkreises macht Schwierigkeiten. Die gängigste ist die der Beendigung der Erwerbstätigkeit mit 65 Jahren beziehungsweise mit 60 Jahren bei den Frauen. Durch die Tendenzen zur Vorverlegung dieser Altersgrenze einerseits und die höhere Lebenserwartung andererseits ist diese vereinfachende Trennung heute jedoch umstrittener denn je. Da aber statistisches Material überwiegend für Altersgruppen vorliegt, muß hier eine einheitliche Darstellung für beide Geschlechter gefunden werden, und diese soll sich auf alle Personen im Alter von 65 und mehr Jahren beziehen.

Einige Zahlen zu den Lebensverhältnissen

In der Bundesrepublik Deutschland leben zur Zeit rund 8,3 Millionen ältere Menschen, das heißt, fast jeder siebte ist 65 Jahre oder älter. Seit 1950 hat sich der Anteil der älteren Menschen stark erhöht, damals waren es 5 Millionen, das heißt, jeder zehnte zählte zu ihnen. 5,1 Millionen älteren Frauen stehen nur 3,2 Millionen ältere Männer gegenüber, was einerseits auf der geringeren Lebenserwartung der Männer, zum anderen auf ihren größeren Verlusten in den beiden Weltkriegen beruht.

Von den älteren sind
- 3,2 Millionen im Alter von 65 bis unter 70 Jahren
- 2,4 Millionen im Alter von 70 bis unter 75 Jahren
- 1,5 Millionen im Alter von 75 bis unter 80 Jahren
- 1,2 Millionen 80 Jahre und älter.

Etwa die Hälfte der älteren Menschen lebt ohne Ehepartner, von den Männern sind noch mehr als drei Viertel verheiratet, von den Frauen dagegen nur knapp ein Drittel.

Fast 3 Millionen älterer Menschen leben in Einzelhaushalten, also in ihrer Wohnung als Haupt- oder Untermieter allein. Fast 2½ Millionen von ihnen sind Frauen. Dagegen leben in Altenheimen nur rund 400 000 Personen. Nur jeder 20. ältere Mensch hat also einen Platz in einem Altenheim. Der Bedarf dürfte nach Schätzungen in der Größenordnung von 600 000 Plätzen liegen; eine bei einer gleichfalls geschätzten Gesamtzahl von knapp 2 Millionen hilfs- und pflegebedürftigen Personen sicher noch relativ niedrige Schätzung. Immerhin gab im Oktober 1972 fast jeder zweite an, in den vergangenen vier Wochen krank gewesen zu sein, ganz überwiegend wegen chronischer Krankheiten.

Nur sieben Prozent der Älteren beziehen ihren überwiegenden Lebensunterhalt noch aus Erwerbstätigkeit, fast 90 Prozent der Männer aus Renten, Pensionen und dergleichen. Während von den 65- bis 70jährigen Frauen noch ein Drittel von den Ehemännern überwiegend unterhalten wird, nimmt mit höherem Alter der Anteil der von (eigenen oder Witwen-) Renten, Pensionen und dergleichen Lebenden von 58 Prozent bei den 65- bis 70jährigen auf 85 Prozent bei den über 75jährigen zu.

Das monatliche Nettoeinkommen lag 1971 bei jedem fünften der älteren Menschen unter 300,– DM, bei fast zwei Dritteln unter 600,– DM. Wegen der seither erfolgten Rentenanpassung dürfte das monatliche Nettoeinkommen 1974 für diejenigen der untersten Einkommensgruppe (20 Prozent der 65jährigen und älteren) bei durchschnittlich 325,– DM liegen, für diejenigen der nächsthöheren Gruppe (40 Prozent) bei durchschnittlich 585,– DM, so daß etwa drei Fünftel der älteren Menschen durchschnittlich rund 500,– DM zur Verfügung haben dürften.

Mehr als 500 000 ältere Menschen sind Bezieher von Sozialhilfe. Sie gehören also zu denjenigen, die für ihre Existenz auf staatliche Hilfe angewiesen sind. 8 Prozent der älteren Frauen, aber nur 4 Prozent der älteren Männer haben Sozialhilfe erhalten. Neben laufender Hilfe zum Lebensunterhalt bilden besonders Krankenhilfe (für die erforderliche ärztliche und medikamentöse Versorgung) und Hilfe zur Pflege – der überwiegende Teil davon als Zuschuß zu den Pflegekosten in Anstalten – die Schwerpunkte.

Kennzeichnend für die Ausstattung der Haushalte alter Menschen ist, daß zwar mehr als vier Fünftel der Zweipersonen-Rentnerhaushalte ein Rundfunkgerät, ein Fernsehgerät und einen Kühlschrank haben, daß jedoch nur drei Fünftel der Einpersonenhaushalte über ein Fernsehgerät verfügen. Gleichmäßig ist jedoch die Ausstattung mit Telefonen in den Ein- und Zweipersonenhaushalten geringen Einkommens: nur etwa jeder fünfte hat ein Telefon.

8,3 Millionen ältere Menschen sind ein wichtiger Verbraucher von Waren und Dienstleistungen. Wenn man davon ausgeht, daß jeder ältere Mensch im Durchschnitt monatlich 450,– DM für den privaten Verbrauch ausgibt, sind das knapp vier Milliarden DM je Monat. Ein Zwölftel aller Käufe von Waren und Dienstleistungen entfällt also auf die älteren Menschen.

Ausblick

Vorausschätzung der künftigen Zahl:

Die Bevölkerungsvorausschätzung zeigt zunächst noch einen Anstieg der Zahl der älteren Menschen und ihres Anteils an der Gesamtbevölkerung und damit die Notwendigkeit, die gesellschafts- und wirtschaftspolitischen Konsequenzen zu überdenken. Erst wenn die geburtenschwachen Jahrgänge des Ersten Weltkrieges in die Gruppe der 65jährigen und Älteren hineinwachsen, wird es wieder einen Rückgang der Zahl und des Anteils der älteren Menschen geben.

- 1975 – etwa 8,8 Millionen oder 14,3 Prozent
- 1980 – etwa 9,1 Millionen oder 15,0 Prozent
- 1985 – etwa 8,1 Millionen oder 13,5 Prozent
- 1990 – etwa 8,2 Millionen oder 13,7 Prozent

Dieses Schwanken wird sich je nach den – langfristigen – Auswirkungen der Bevölkerungspyramide fortsetzen.

Die Größenordnung einer gesellschaftspolitischen Aufgabe zu zeigen, soll die Modellrechnung zur Vereinsamung der älteren Menschen liefern. Zwar hängt die Einsamkeit vor allem von der persönlichen Einstellung des Menschen zu seiner Umwelt ab, doch kann als *ein* Kriterium der Vereinsamung das Leben in einem Einzelhaushalt dienen. Wenn man annimmt, daß von den rund 3 Millionen Menschen, die zur Zeit in Einzelhaushalten leben, ein bestimmter Teil weitgehend vereinsamt ist, dann wären es

- bei 10 Prozent 300 000 Menschen
- bei 30 Prozent 900 000 Menschen
- bei 50 Prozent 1,5 Millionen Menschen

Die damit verbundenen Probleme sind sicher nicht nur vom Staat allein, sondern im Zusammenwirken aller Gruppen unserer Gesellschaft zu lösen.

Die materielle Sicherung des einzelnen im Alter ist eine sozialpolitische Entscheidung, zu deren Unterstützung eine Bedarfsschätzung notwendig ist, auch wenn diese nur mit den größten Einschränkungen vorgenommen werden kann. Ausgehend von den Zweipersonenhaushalten von Rentnern und Sozialhilfeempfängern, die im Rahmen der Wirtschaftsrechnungen buchführen und die entsprechend ihren Auswahlkriterien zu den Haushalten gehören, die sich stark einschränken müssen, kommt man zu folgenden Überlegungen:

Das Verhältnis von Ausgaben für den elementaren Bedarf (Nahrung, Kleidung, Wohnung, Heizung) und den variablen Bedarf (Hausrat, Körper- und Gesundheitspflege, Bildung und anderes), das bei anderen Haushalten etwa ausgeglichen ist, ist bei den Rentnerhaushalten stark verschoben, denn nur beim variablen Bedarf sind noch Einschränkungen möglich.

Dabei ist selbstverständlich anzunehmen, daß der viele Dinge umgreifende variable Bedarf auch bei älteren Leuten vorhanden ist, wenn auch in anderer Form als bei sonstigen Haushalten. Man denke an vermehrte Dienstleistungen, arbeitsersparende Haushaltseinrichtungen und an den vermehrten Bedarf im Gesundheitsbereich.

1972 betrugen die Ausgaben für den elementaren Bedarf 480,- DM, für den variablen dagegen nur 240,- DM. Setzt man dagegen für den variablen Bedarf den ungefähr gleichen Betrag an, so kommt man zu einem Mindestbedarf von etwa 950,- DM für den privaten Verbrauch des Zweipersonenhaushalts, die steigenden Lebenshaltungskosten noch unberücksichtigt. Das entspricht einem Betrag von etwa 600,- DM für den Einpersonenhaushalt. Da außer dem privaten Verbrauch auch eine gewisse Rücklagenbildung möglich sein muß und auch noch sonstige Ausgaben (wie z. B. Versicherungsprämien, Kfz- und andere Steuern, Darlehenszinsen) anfallen können, sollte das monatliche Mindestnettoeinkommen bei etwa 1050,- DM für den Zweipersonenhaushalt und etwa 670,- DM für den Einpersonenhaushalt liegen. Nach Schätzungen dürften augenblicklich etwa 20 bis 30 Prozent der Zweipersonen- und 25 bis 35 Prozent der Einpersonenhaushalte diese Beträge nicht erreichen.

Daß die Werbung dazu beigetragen haben könnte, den Senioren das Image des Rückständigen, allzusehr am Vergangenen Verhafteten zu verleihen – das hatte Frau Professor URSULA LEHR *im zweiten Band unserer Seniorenratgeber angedeutet: Die Schwiegermutter, die so »hinter dem Mond« ist, daß sie über Neuerungen und Arbeitserleichterungen erst von ihrer Schwiegertochter unterrichtet werden muß, ist Zentralfigur einiger Werbungsaussagen.*

Seither ist das in einigen Bereichen etwas anders geworden. Wer aufmerksam die Werbespots im Fernsehen verfolgt, wird gemerkt haben, daß es jetzt oft die Älteren sind, die die Jungen auf Genüsse und praktische Winke aufmerksam machen. Das erscheint durchaus legitim.

Aber – und das ist die Kehrseite der Medaille – immer noch fehlt es auf weiten Gebieten an Informationen für die »vergessene Zielgruppe« der Senioren.

Viele unserer Senioren sind wirtschaftlich gesichert, sie haben Möglichkeiten, die sie in früheren Lebensabschnitten nicht besaßen, vor allem deshalb, weil ihnen das wichtigste Gut zur Verfügung steht: die Zeit. Es fehlt das Angebot, nicht nur als Konsumanreiz, sondern als Möglichkeit, den dritten Lebensabschnitt interessant zu gestalten, Versäumtes nachzuholen, nicht Erlebtes nun zu genießen – sieht man einmal von den Senioren-Reisen ab. Hier könnte noch viel geschehen.

Wo Ansätze vorhanden sind, wo sie ausgebaut werden könnten, das zeigt in dem folgenden Beitrag ein Kenner des Marktes und seiner Möglichkeiten.

Nicht am Seniorenmarkt vorbeiplanen!

Dipl.-Kfm. Franz W. Fickel
Nürnberg
(in Zusammenarbeit mit Prof. Dr. Anita Karsten, Frankfurt)

Die Senioren von heute, die älteren und alten Menschen, haben Kriege, Gefangenschaft, Unterdrückung, Umsiedlung und Hungersnot erlebt. Sie sind mit unbeugsamem Fleiß und Wiederaufbauwillen ans Werk einer freiheitlichen Wirtschaftsordnung gegangen. Sie haben erreicht, was sich geknebelte Völker dieser Erde heute noch sehnsüchtig wünschen.

Ohne diesen Aufschwung aus der tiefsten Talsohle gäbe es für uns keine Marketingfragen, keine bedarfsgerechten Angebote auf vielen Lebensgebieten.

Die Twens von heute werden im Jahre 2000 an jener Altersschwelle stehen, bei der die älteren Menschen heute angelangt sind. Und die heute etwa 45- bis 50jährigen werden im Jahre 2000 die betagten Senioren sein.

Der in die Zukunft hineinalternde Mensch wird zweifelsohne mit neuen, heute noch unbekannten Problemen fertig werden müssen. Er wird es nicht leichter haben als seine Vorfahren, den Existenzkampf zu bestehen. Medizinischer und technischer Fortschritt werden ihm zwar zu einer längeren Lebenserwartung verhelfen, werden ihm im Alter bessere Gesundheit, mehr Kaufkraft und Freizeit bescheren. Aber er wird dafür seine seelischen und geistigen Kräfte bis aufs äußerste mobilisieren müssen, um diesen wirtschaftlichen und technischen Fortschritt bezahlen zu können. Die kommende Generation wird weniger Kinder gebären und vielleicht im Alter einsamer leben.

Regional bestehen gravierende Unterschiede in der Altersstruktur. In Westberlin wohnen anteilsmäßig die meisten älteren und alten Menschen; sie machen fast 50 Prozent der Berliner

Bevölkerung aus; darunter sind 21 Prozent der Einwohner Personen im Alter von 65 und mehr Jahren. Aber auch die Bundesländer Hamburg und Bremen sind stark überaltert, sowie nahezu alle westdeutschen Großstädte. Einen sehr niedrigen Anteil älterer und alter Menschen gibt es im Saarland, in Baden-Württemberg und Nordrhein-Westfalen.

Die Einkommensentwicklung der im Alter zwischen 45 und 65 Jahren Erwerbstätigen folgte in der Vergangenheit dem allgemeinen wirtschaftlichen Wachstum und entsprach dem Durchschnitt aller Haushalte, nämlich 1224,- DM monatlich im Jahre 1970. Wesentlich weniger vereinnahmten die Haushalte mit einem Haushaltsvorstand von über 65 Jahren, nämlich nur 918,- DM monatlich. Künftig werden sich Altersvorsorge und Renten im Zuge der Anpassung an das allgemeine wirtschaftliche Wachstum weiter erhöhen, und die Kaufkraft der alten Personen wird stärker als bisher wachsen.

Allein die Vermögensbildung steigt mit zunehmendem Alter überdurchschnittlich. Der Anteil jener, die Haus- und Grundbesitz haben, liegt bei den 45- bis 55jährigen mit rund 50 Prozent am höchsten, sinkt ab auf rund 33 Prozent in der Altersgruppe der über 65jährigen. Noch entsprechen die Wohnverhältnisse der alten Menschen nicht dem Bundesdurchschnitt; während von allen westdeutschen Haushalten rund 63 Prozent Wohnungen mit Bad haben, besitzen die über 65 Jahre alten Haushaltungsvorstände nur zu rund 50 Prozent eine solche Wohnung. In Neubauten wohnen 44 Prozent aller westdeutschen Haushalte; von den Haushaltungsvorständen über 65 Jahren leben 30 Prozent in Neubauten und 70 Prozent in Altbauten, die vor 1948 errichtet wurden. Ein- und Zweifamilienhäuser jedoch werden von älteren Haushalten zu etwa gleichem Anteil bewohnt wie von jüngeren Haushalten, nämlich sowohl 40 Prozent der alten Haushalte als auch rund 40 Prozent der übrigen Haushalte besitzen ein solches Heim.

Alte Menschen, soweit sie nicht mehr berufstätig sind, verfügen über Zeit, Publikumszeitschriften ausführlicher zu lesen, zählen häufiger als jüngere Menschen zu den Abonnenten der Lesemappen, die eine Vielzahl von Zeitschriften vermitteln, besuchen häufiger den Arzt, wo sie lange Wartezeiten mit dem Lesen von Zeitschriften überbrücken. Die alten Menschen nutzen also Publikumszeitschriften intensiver als die jüngeren Menschen.

Noch mehr beschäftigen sich ältere und alte Menschen mit der Tageszeitung. Sie lesen Tageszeitungen häufiger und intensiver als die jungen. Beispielsweise ist festzustellen, daß die Zeitung an mehr als 61 von 72 Erscheinungstagen zwar von 41,4 Prozent aller Hausfrauen, aber von 44,8 Prozent der älteren Hausfrauen und von 50,4 Prozent der alten Hausfrauen gelesen wird.

Am Werbefunk dagegen partizipieren die Senioren unterdurchschnittlich. Denn sie sind mit Rundfunkgeräten nicht so gut ausgestattet wie die jüngeren Haushalte. Soweit die älteren Haushalte Rundfunkgeräte besitzen, hören sie Werbesendungen weniger intensiv als die jüngeren Haushalte, weil die Werbeindustrie zuviel Neues anpreist und sich mit dem musikalischen Rahmenprogramm vorzugsweise an die jüngeren Verbraucher wendet.

Das gilt gewissermaßen auch für das Werbefernsehen, nur sind hier die Rahmenprogramme für den älteren Menschen anschaulicher und deshalb verständlicher, auch thematisch ansprechender.

Die Bestandsanalyse an Fernsehgeräten zeigt, daß ältere Haushalte zwar etwas besser als der Durchschnitt mit Fernsehgeräten ausgestattet sind, alte Haushalte jedoch wesentlich schlechter (Ausstattungsrückstand von etwa 2 Jahren). Zudem findet sich in den alten Haushalten noch ein überdurchschnittlich hoher Anteil von Geräten, mit denen man nur ARD-Programme empfangen kann. Somit haben ältere Haushalte auch einen überdurchschnittlich hohen Kontakt zu Werbefernsehsendungen aus ARD oder ZDF, alte Haushalte dagegen einen unterdurchschnittlich niedrigen.

Aber ältere und alte Personen sehen Werbefernsehsendungen intensiver als jüngere. Auch werden von den älteren Personen vorhandene Empfangsmöglichkeiten stärker genutzt. Das Werbefernsehen wird mit zunehmender Geräteausstattung für alte Menschen zweifelsohne an Bedeutung gewinnen.

Zusammenfassend ist festzuhalten, daß ältere und alte Menschen werblich am besten durch die Tageszeitung und das Werbefernsehen angesprochen werden können und daß die Publikumszeitschriften mindestens durchschnittliches Interesse finden; der Werbefunk wird von älteren Konsumenten weniger beachtet.

Ältere und alte Hausfrauen lesen aber auch jene Frauenzeitschriften, die in Aufmachung und Thematik den Wochenendzeitschriften gleichen; hier nehmen ältere Hausfrauen besonderen Anteil an Modefragen.

Einige der Wochenendzeitschriften entsprechen älteren und alten Hausfrauen besonders, wenn sie nicht durch freizügige Bilder und sexuelle Themen schockieren. Aktuelle Zeitschriften mit vorwiegend konfliktfreien Themen, wie Geschichten aus der Gesellschaft, die einen wesentlichen Teil des redaktionellen Angebots ausmachen, fesseln die älteren Personen ebenfalls.

Allgemein läßt sich sagen, daß ältere und alte Menschen an vielen Themen interessiert sind, falls diese in einer für sie akzeptablen Aufmachung und Verpackung dargeboten werden, konfliktfreien Unterhaltungsstoff liefern und vor allem billig sind. Der Lesezirkel kommt der kostengünstigen Beschaffung am nächsten.

Wir dürfen nicht ohne weiteres davon ausgehen, daß das »Alter« mit einem bestimmten Lebensjahr beginnt. Wenngleich die Statistik ausschließlich das Kalendarium zur Klassifizierung nimmt, richtet sich das Verhalten der Menschen jedoch nach ganz anderen Charakteristiken.

Ein erstes Merkmal ist der Grad der Vitalitätseinbuße, die sich in nachlassender körperlicher und seelischer Spannkraft äußert – körperlich herbeigeführt durch Herz- und Kreislaufbeschwerden sowie schnellere Ermüdung. Ein weiteres, mehr psychologisches Merkmal wäre als Zukunftsschwund zu umschreiben und meint das Schrumpfen der Zeitperspektive auf Gegenwart und Vergangenheit. Erleben und Verhalten beginnen sich auf die gegenwärtigen Möglichkeiten zu beschränken, wenn sie nicht sogar vorwiegend in die – häufig verklärte – Vergangenheit gerichtet sind.

Im Verbrauch äußert sich der Zukunftsschwund in einer Vorliebe für alles Traditionelle und Konservative. Fast niemals ändern sich alle physischen und psychischen Funktionen gleichermaßen synchron; sie verändern sich nicht in demselben Tempo und in derselben Weise.

Eine Lebensaufgabe und ein Hobby, aufgestaut oder entwickelt aus den neuen Umwelteinflüssen, erhalten und fördern die seelische Spannkraft und wirken dem Vitalitäts- und Zukunftsschwund entgegen.

Wenn man ältere Leute danach befragt, durch welche hervorstechenden Eigenschaften sich die alternden Menschen kennzeichnen lassen, so erhält man u. a. folgende Angaben:

- Vorsorge in gesundheitlicher Hinsicht,
- Neigung, sich etwas Gutes zu gönnen,
- Besonderen Sinn für Sauberkeit,
- Freude am Schenken,
- Ausgesprochene Sorgfalt bei allem Tun,
- Sparsamkeit,
- Vielfältige Interessiertheit,
- Durchgängige Orientierung an allem Altbewährten.

Diese Urteile wiederholen sich bei vielen Untersuchungen und können deshalb als weitgehend verläßliche Merkmalskategorien alter Menschen aufgefaßt werden.

Die Neigung, sich etwas Gutes zu gönnen, und die Freude am

Schenken sind unmittelbar als konsumsteigernde Einstellungen zu betrachten.

Für das Konsumverhalten relevant sind auch die Bemühungen um gesundheitliche Vorsorge, der Sauberkeitssinn und das Streben nach Sorgfalt. Das Qualitätsdenken äußert sich in der Bevorzugung von Altbewährtem. Der alte Mensch will als funktionstüchtig erscheinen, seine Nützlichkeit beweisen, im Lebensbereich »Konsum« versuchen, seine Konkurrenzfähigkeit zu zeigen, damit er nicht als unterlegen klassifiziert wird. Er bemüht sich auch, seine seelische und körperliche Spannkraft zu demonstrieren, optimistische Bezüge zum Leben zu signalisieren. Umgekehrt wäre die Isolation vom Leben als zentraler Verlust aufzufassen.

Aktuelle Genußsucht soll das objektive Altsein kompensieren. Mitunter stehen auch alte Menschen stark unter Konsumdruck, der sie sozusagen aus ihrem Rentnerdasein ausbrechen und eine geldbringende Arbeit aufnehmen läßt.

Beim Kaufen, Planen und Informieren können die alten Menschen mit viel weiter gespannter Freizeit, mit mehr Muße und Gelegenheit ihre Bedürfnisse ausloten. Die älteren, noch im Berufsleben stehenden Menschen verbringen ihre Freizeit vorwiegend in Entspannung, zur Regeneration ihrer Arbeitskraft und zur Anpassung an die Forderungen der Arbeits- und Berufswelt. Bei den meisten alternden Menschen sind jene Bedürfnisse, die bei Jugendlichen noch besonders stark dominieren, abgeschwächt oder scheinbar verschwunden, aber sie sind dennoch vollständig vorhanden, nur in ihrer (aktuellen) Stärke wesentlich reduziert.

Wer Marketing für Senioren betreibt, wird deshalb zu untersuchen haben, wieweit diese unterdrückten Bedürfnisse noch aktivierbar sind und in welchem Maße sie für die alten Menschen selbst noch aktuell sein können.

Ältere und alte Menschen stehen unter sozialem Druck, und die Konsumgüterwirtschaft gibt ihnen zuwenig attraktive Ausweichmöglichkeiten, so daß sie sich dann doch letztlich den Normen unterordnen, die die Gesellschaft ihnen zudiktiert. So kommt es, daß sich diese Menschen Wünsche nicht erfüllen, obwohl sie es aufgrund ihrer finanziellen Möglichkeiten könnten. Sie weichen zwangsläufig aus in den für sie relevanten Bereich der Nahrungs- und Genußmittel, der einen immer wiederkehrenden aktuellen Bedarf zu stillen vermag, und verdrängen dadurch ihren eigentlichen, höher gesteckten Konsumbedarf, dessen Erreichen durch Barrieren verstellt ist.

Sie würden sicherlich nicht so reagieren, wenn die Industrie Waren für alte Menschen anbieten würde, klar und ohne negativen Beigeschmack sozialer Diskriminierung. Denn die Senioren haben arteigene Konsumbedürfnisse in den Bereichen der Gesundheit, Geltung, Bequemlichkeit und Sicherheit. Dem steht ein bisher unzulängliches Angebot an Waren und Dienstleistungen gegenüber. Bedarfsgerechte Angebote für Senioren zu entwickeln und sie entsprechend werblich zu profilieren wäre eine lohnende Aufgabe für die Absatzwirtschaft.

Sozialmedizin ist ein neues Fach im Rahmen der ärztlichen Handlung. Sie beschäftigt sich mit der Einwirkung der menschlichen Umwelt auf den Menschen, und sie sieht Krankheit nicht nur als Ausfallen der geordneten Funktion irgendeines Organs oder Organsystems, sondern auch als Folge nicht bewältigter Probleme, die der Mensch mit seiner unmittelbaren oder mittelbaren Umgebung erlebt.

Die Trennung von alt und jung, das Zerbrechen der Großfamilie, in die früher – noch vor gut hundert Jahren – Alte wie Junge eingebettet waren, ist nicht ohne Folgen besonders für die Alten geblieben. Sie sind plötzlich heimatlos und auf sich gestellt, ohne die nützliche Beschäftigung in Haus und Garten, nur noch für die Versorgung der Enkelkinder zuständig.

Was kann an die Stelle dieser Großfamilie gesetzt werden? Hundert Jahre sind anscheinend nicht genug, um den Menschen zu ermöglichen, mit diesem Wechsel in den Lebensformen fertig zu werden.

»Ein Weg könnte gefunden werden«, sagt Medizinaldirektor Dr. ERHARD ELLWANGER, »wenn es den Senioren gelänge, früher ausgeübte Aufgaben in neuem Gewande zum Teil wieder zu übernehmen.«

Wie dieser Weg aussehen könnte, dazu gibt er in seinem folgenden Beitrag Hinweise.

Trennung von alt und jung – ein ungelöstes Problem

Medizinaldirektor Dr. ERHARD ELLWANGER
Stuttgart

Drei Lebenskreise sind gerade für den älteren Menschen besonders wichtig:
- sein Familienmilieu,
- sein Arbeitsmilieu,
- sein Freizeitmilieu.

Sie haben sich aber in den letzten hundert Jahren – ganz besonders innerhalb der letzten drei Generationen – entscheidend geändert.

Früher gab es die Großfamilie mit vielen Kindern im ländlichen oder kleinstädtischen Lebenskreis; üblicherweise waren drei Generationen unter einem Dach. Diese Großfamilien lebten überwiegend in verpflegungsmäßiger Autarkie, und jedes Familienmitglied half an der Beschaffung des Lebensunterhalts mit. Die Arbeitsplätze waren im Nahbereich der Wohnstätte, zum Beispiel auf dem bäuerlichen Anwesen und auf den umliegenden Feldern. Selbst die bäuerlichen oder kleinstädtischen Handwerker hatten früher ihre Werkstatt beim Haus und nebenbei eine Landwirtschaft. Großväter und Großmütter halfen – solange sie nur irgendwie leistungsmäßig mitmachen konnten – der jüngeren Generation auf dem Hof und im Feld mit. Auch die Kinder wurden schon zur Arbeit herangezogen, und die Kleinsten spielten innerhalb dieses ungeteilten Arbeits- und Lebensraums. So hatten alle Generationen steten täglichen Kontakt miteinander.

Die »soziale Sicherheit« beruhte bei unseren Vorfahren auf der Integration in eine solche Großfamilie mit Anspruch auf einen Anteil aus ihrer landwirtschaftlichen Eigenproduktion, das heißt auf das »tägliche Brot«. Die betagten Familienmitglieder hatten entsprechend ihrer »Restarbeitsfähigkeit« abgestufte tägliche Pflichten zu erfüllen – von der Versorgung des Viehs und Mithilfe in der Landwirtschaft über das Reparieren täglicher Gebrauchsgegenstände und das Spinnen, Stricken und Nähen bis zum Kinderhüten. Müßiggang (im ursprünglichen Sinne dieses Wortes) gab es nicht und war »aller Laster Anfang«.

Der Stammhalter des Hofes war, wie überhaupt alle Kinder, die lebendige Gewähr der Alterssicherung. Nur durch Nachwuchs war der Weiterbetrieb des Bauernhofs oder der Werkstatt gesichert. Die alt Gewordenen behielten im sogenannten Ausgedinge ein Dach über dem Kopf und hatten weiter an der allgemeinen Versorgung der Großfamilie teil, wie auch alleinstehende Knechte und Mägde, die zum lebenden Inventar zählten.

Aber die Alten halfen nicht nur täglich mit und waren für viele größere und kleinere Dienste unentbehrlich, sie erwiesen sich auch als lebendige Erfahrungsträger: Bei jeder neuen, unbekannten Situation holten sich die Jüngeren bei den Älteren Rat: Mißernten, Hungersnöte, sonstige Notstände, aber auch Erfolge, Feste und Feiern konnten die Alten aus dem Schatz ihrer Lebenserfahrungen kommentieren und ihr Wissen weitergeben. Nur wenn sich etwas »seit Menschengedenken« (das heißt damals etwa fünf bis sechs Generationen zurück) nicht ereignet hatte, war guter Rat teuer. Schriftliche Überlieferung und Anleitung war außer der Bibel mindestens bis zur Mitte des letzten Jahrhunderts bei der breiten Bevölkerung eine Seltenheit. So hatten die Alten eine ehrfurchtgebietende Lehrfunktion gegenüber der nachrückenden Generation: Das Alter wurde geachtet.

Der »gleitende Übergang« in den Ruhestand, die stufenweise Abgabe von Arbeitsbelastung und von Verantwortung wurden in früheren Zeiten (auch ohne soziologische Studien und ohne die moderne Sozialgesetzgebung!) instinktiv richtig und vielleicht besser als heute gehandhabt: Die allmählich auslaufende

Funktion der Alten in Haus, Hof, Werkstatt und Feld entsprach natürlichen Lebensbedingungen.

Heute, über hundert Jahre später, hat die moderne Kleinfamilie nur noch wenig oder gar keine Kinder mehr. Die junge Generation ist schon unter den Bedingungen der Großstadt und der industriellen Ballungszentren aufgewachsen. Das bäuerlich-naturverbundene Milieu ist längst verlassen und wurde mit dem Fabrikarbeitsplatz und mit der Großstadtwohnung vertauscht.

Wir sollten uns allerdings nicht einer Sentimentalität gegenüber der »guten alten Zeit« hingeben: So »gut« war es nun früher auch nicht! Manche patriarchalischen Auswüchse der Unterdrückung der Juniorengeneration waren ebenso unerträglich wie die Auswüchse des heutigen Jugendkults. Auch möchte die vielen technischen, sozialen und persönlichen Fortschritte heute niemand ernsthaft missen. Aber wir müssen klar erkennen, daß wir die Fünftagewoche, den Urlaubsanspruch, den geregelten Verdienst, die zur Zeit mögliche Luxusernährung, das Überangebot an Bedarfs- und Luxusartikeln eingetauscht haben gegen die traditionelle Stabilität der Agrarwirtschaft unserer Vorfahren. Neben allen modernen Fortschritten und Bequemlichkeiten müssen wir nun das Risiko, das Tempo und die Mobilität und nicht zuletzt die völlig veränderten Lebensbedingungen der modernen Industriegesellschaft verkraften.

Der Fabrikarbeitsplatz von heute oder der Arbeitsraum in einer Großverwaltung sind eben von der Wohnung und vom Familienleben räumlich und zeitlich scharf getrennt, ja meist hermetisch abgeriegelt.

Weil das tägliche Brot und der tägliche Bedarf nicht mehr in einem eng verbundenen Wohn-, Arbeits- und Freizeitraum selbst erwirtschaftet werden, ist das moderne Ehepaar nicht mehr an häusliche Pflichten angebunden und braucht auch keine Alten mehr, die ihnen einen Teil dieser Pflichten erleichtern und die auch einmal einige Tage einspringen können.

Heute verdient man sein Geld an einem anonymen Arbeitsplatz und ist ein kleines Rädchen im Getriebe einer arbeitsteiligen Großproduktion beziehungsweise Großdienstleistung geworden. Das Geld, der Verdienst, hat die dominierende Ersatzfunktion anstelle der früheren landwirtschaftlichen Autarkie übernommen: Mit diesem Geld werden die Wohnungsmiete und der Energieverbrauch bezahlt, werden Nahrungsmittel, Gebrauchs- und Luxusgüter eingekauft, ja selbst das Freizeitvergnügen wird heute gegen Geld vermittelt.

Mit demselben Arbeitslohn wird aber auch in die »öffentliche« Kranken- und Rentenversicherung einbezahlt, das heißt, es wird sogar soziale Sicherheit und Altersversicherung käuflich erworben.

Die Alten haben in der modernen Stadtwohnung der Junioren keine Funktion mehr, weil die Wohnung nicht mehr der Versorgungsmittelpunkt der Großfamilie ist. Auch haben diese Alten ihre eigenen »Ansprüche« an die Rentenversicherung – folgerichtig werden sie nicht mehr von den Jungen mit unterhalten. Infolgedessen sind sie nicht mehr mit diesen in einer Versorgungsgemeinschaft zusammen, sondern isoliert.

Die Kinder der Kleinfamilie verlassen ebenso folgerichtig heutzutage ihre Eltern nach Abschluß ihrer Ausbildung, um sich selbständig zu machen. Erbhöfe und erbliche Arbeitsplätze gibt es heute – von wenigen Ausnahmen abgesehen – nicht mehr.

War die »Heimat«, der traditionelle Bauernhof unserer Vorfahren, eine zentripetale Institution, die alle ihre Angehörigen immer wieder am heimatlichen Herd zusammenführte, so ist die heutige Kleinfamilie zentrifugal: Sie stößt ihre »Mit-Glieder« ab! Weitere Folge ist, daß der alternde und der alte Mensch in der modernen Industriegesellschaft wohnungsmäßig und versorgungsmäßig weitgehend auf sich selbst gestellt sind. Auch aus seinem gewohnten Arbeitsmilieu wird er von einem Tage auf den andern mit Erreichen der Altersgrenze ausgegliedert.

Dafür hat fast jeder einen Anspruch an die öffentliche Hand – aufgrund früher eingezahlter Beträge oder wegen seiner Bedürftigkeit. Dieses System kann jedoch nur so lange klappen, wie genug Kinder geboren werden, vernünftig aufwachsen und dann »traditionell« bereit sind, regelmäßig zu arbeiten, um mit ihrem erarbeiteten Sozialprodukt die Ansprüche der aus dem Erwerbsleben abgetretenen Generation zu realisieren.

Es ist fundamental wichtig, sich klarzumachen, daß die Grundsätze des Zusammenlebens der Generationen sich nicht ändern lassen, sondern nur das System: Solange es Menschen gibt, werden Eltern ihre Kinder großziehen und viele materielle und ideelle Güter in diese Kinder investieren müssen; dies ist die Vorauszahlung, die sie auf ihre Altersversorgung leisten – in der Hoffnung, daß später ihre Kinder genauso für sie sorgen werden, wenn sie im Alter nicht mehr leistungsfähig sind.

Früher erfolgte dieser Vorgang direkt in der Großfamilie und in der Selbstversorgung, heute, im Zeitalter der Massenproduktion und des Massendaseins, wurde diese Aufgabe auf viele Schultern verlagert: Alle Werktätigen zahlen in einen »öffentlichen Topf« ein, aus dem dann einerseits die Altersrentner versorgt werden, wenn sie nicht mehr am Arbeitsprozeß teilnehmen, und aus dem andererseits Kranke und Hinterbliebene betreut werden, wenn sie der Hilfe bedürfen. – Eine »öffentliche Zauberhand« gibt es also nicht, die automatisch denen gibt, die sich früher wohlverdiente Anrechte erworben haben.

Die Verdoppelung der Lebenserwartung, die Senkung der Geburtenrate und die Kostenexplosion in der Medizin

Im gleichen Zeitraum der letzten hundert Jahre, in denen sich die industrielle Revolution abspielte, hat sich die Lebenserwartung der Bevölkerung verdoppelt. Statt im Durchschnitt knapp 36 Jahre alt zu werden, hat die heutige Generation die Chance, 70 und mehr Jahre zu erreichen. War früher das Erreichen eines hohen Alters relativ selten, so ist es heute die Regel – exakt statistisch erwiesen!

Die Leistungen der Medizin sind in diesen letzten hundert Jahren in mindestens demselben Tempo gestiegen, wie die Industrialisierung vor sich ging. Man muß nur mit etwas Phantasie die frühere Situation überdenken: Operationen zum Beispiel waren bis zur Mitte des 19. Jahrhunderts ein Abenteuer auf Leben und Tod, ohne Narkose, ohne Asepsis, ohne alle modernen Hilfsmittel; zudem waren die operativen Möglichkeiten wenigen Auserwählten vorbehalten. Jede akute Blinddarmentzündung, jeder Magendurchbruch, jede vereiterte Gallenblase führten damals mit fast absoluter Sicherheit zum Tode.

Auch die Infektionskrankheiten forderten bei den Kindern alljährlich viele Opfer, und große Seuchen rafften noch bis zum Ende des letzten Jahrhunderts die erwachsenen Menschen dahin, wie das in unterentwickelten Ländern bis heute noch der Fall ist. Das Risiko der bakteriellen Erkrankungen wurde erst durch die Penizillin-Ära beseitigt.

Sozialmedizinisch gesehen bedeuten diese medizinischen Leistungen einerseits, daß die Kinder- und auch die Erwachsenen-Sterblichkeit in früher nicht für möglich gehaltenem Umfang zurückgegangen ist. So wurde die Voraussetzung für längere Lebenserwartung geschaffen. Andererseits treten bei der großen Zahl derer, die heute ein höheres Alter erreichen, viele neue Krankheiten auf, die sich erst im höheren Lebensalter einstellen und die deshalb in früheren Zeiten meist nicht »erlebt« wurden.

Die Bekämpfung der »klassischen« Krankheiten erfordert mit der Verbesserung der Methoden aber auch immer größeren finanziellen Aufwand. So sind – um nur zwei Beispiele zu nennen – die Operationsmethoden zwar immer mehr verfeinert worden; damit wurden sie aber auch arbeitsintensiver, geräteaufwendiger und natürlich immer teurer. Auch die moderne Krankenhauspflege und die Behandlung mit hochwertigen Medikamenten drohen finanziell eine Grenze zu erreichen, bei der die Kosten volkswirtschaftlich nicht mehr verkraftet werden können.

Sicherlich mußten früher viele Menschen in jüngerem Alter sterben, weil es weniger Ärzte gab oder weil sie wegen der privat zu tragenden Kosten seltener aufgesucht wurden. Heute ist aber unzweifelhaft festzustellen, daß der moderne Sozialstaat auch die Begehrlichkeit weckte, nun des Guten zuviel zu tun. Die Selbsthilfe droht zu verkümmern, denn »man hat doch einen Anspruch an die Krankenkasse«!

Übrigens sind diese Gesichtspunkte sehr zweischneidig und beschäftigen die Sozialpolitiker seit Jahren:

Soll man die Inanspruchnahme der Ärzte und den Massenverbrauch von Arzneien und Gesundheitsdienstleistungen bremsen und damit in Kauf nehmen, daß manche Krankheit im Frühstadium nicht entdeckt wird und später böse Folgen haben kann? Oder soll man die Bevölkerung ermuntern, wegen jeder Bagatelle den Arzt aufzusuchen und alle Möglichkeiten der modernen Sozialleistungen voll auszuschöpfen, womit unser Sozialsystem zwar immer teurer und unwirtschaftlicher wird, aber auch die Chancen steigen, alle Krankheiten früh in den Griff zu bekommen?

Nicht zu verwechseln ist diese Problematik mit den Anstrengungen, echte Prävention zu betreiben, das heißt, auch alle Gesunden vom Säuglingsalter an regelmäßig vorbeugend zu testen, um damit den Ausbruch vieler Krankheiten überhaupt zu verhindern. Noch haben wir nur auf relativ wenigen Gebieten Chancen in präventiver Hinsicht, aber das wird sich vermutlich bessern.

Schließlich hat die moderne Medizin auch die Voraussetzungen für die Geburtenplanung geschaffen. Die veränderten Verhältnisse durch den Übergang von der traditionellen Agrargesellschaft zur mobilen, modernen Industriegesellschaft und die damit verbundene Umstrukturierung zur Kleinfamilie haben – in Verbindung mit zunehmendem Wohlstandsdenken – bewirkt, daß sich die Bevölkerung mit der (scheinbaren!) sozialen Sicherung allein durch Geld zufriedengibt, ohne zu bedenken, daß dieses Geld nur durch die Produktivität einer nachrückenden jungen Generation wirksam werden kann. Zinsen ohne Produktivität bleiben ein utopischer Wunschtraum. Aber der Wunsch nach Kindern ist in weitem Umfang der Bequemlichkeit gewichen – oder auch der Resignation. Möglich wurde das durch die Methoden der Geburtenplanung, welche die naturgegebenen Folgen der Geschlechtlichkeit menschlicher Manipulation unterwirft.

Wir sollten dieses an sich erfreuliche Phänomen der Möglichkeit von »Wunschkindern« durchaus begrüßen, solange im Volk überhaupt noch der Wunsch nach genügend Kindern besteht. Wir sollten die Geburtenplanung auch im Rahmen weltweiter Übervölkerung sehen und uns bewußt sein, daß das Geschenk der Lebenserhaltung und Lebensverlängerung durch die moderne Medizin zwangsläufig die Notwendigkeit mit sich bringt, die Geburten zu reduzieren. Wenn es aber nicht wieder die Tragödie einer neuen »verlorenen Generation« geben soll, dann müssen sich die heutigen Junioren klar darüber werden, daß ihrer Alterssicherung Gefahr droht, wenn der Wunsch nach Kindern in nicht mehr zu vertretendem Maß gedrosselt wird. Es gilt also, die Übervölkerung Deutschlands – wie aller in ähnlicher Situation befindlicher Industriestaaten – behutsam zu reduzieren und vor allem die unkontrollierte Geburtenexplosion der zu rasch wachsenden Entwicklungsländer zu bremsen.

Alle diese Faktoren zusammen bewirken:

1. Daß es immer mehr Menschen im Ruhestandsalter geben wird. Schon 1974 kamen auf 100 versicherte Erwerbstätige über 50 Rentner. Für 1985 wurde diese Zahl auf knapp 60 Rentner vorausberechnet (»Rentenberg«).

2. Die überwiegende Anzahl dieser Rentner wird nicht in einem größeren Familienverband integriert sein, sondern wohnraum- und versorgungsmäßig auf sich selbst gestellt sein.

3. Ein relativ hoher Prozentsatz dieser Rentner wird dank der gestiegenen Lebenserwartung zwar ein sehr hohes Alter erreichen, aber dabei nicht so rüstig bleiben, daß eine Selbstversorgung gewährleistet bleibt. Es werden also immer mehr Berufstätige für Dienstleistungsberufe zur Versorgung von Alten anfallen, da die eigenen Familienangehörigen für diese Aufgabe weitgehend ausfallen. Dies bedeutet eine Vielzahl von Senioren-Betreuungsmaßnahmen und Pflegeeinrichtungen bis zu Alters- und Pflegeheimen.

4. Die moderne Medizin wird allgemein immer teurer werden. Speziell im Alter aber wird besonders viel medizinische Betreuung benötigt und werden infolgedessen besonders hohe Kosten anfallen.

5. Jede Verschiebung der Ruhestandsgrenze nach unten wird dem arbeitenden Teil der Bevölkerung zusätzliche Lasten aufbürden, so wünschenswert dieses Ziel auch vordergründig erscheinen mag.

6. Jede vom Staat noch so gutgemeinte und vielleicht in Zukunft gut gelingende soziale Maßnahme für die Mitbürger im Ruhestandsabschnitt des Lebens kann nur die materiellen Seiten des Problems lösen; die ideelle Seite des Problems müssen die Beteiligten, die drei Generationen, die Alten, die in der Lebensmitte Stehenden und die Jungen, selbst anpacken. Hier wird sich entscheiden, ob wir Zeitgenossen in der Lage sind, die Probleme unserer Zeit aktiv in Angriff zu nehmen und zu lösen.

Was kann die Sozialmedizin zur Lösung dieser Probleme beitragen?

Die Altersmedizin (Gerontologie) muß intensiviert werden. In einer Zeit, in der es mehr Alte über 65 Jahre als Kinder unter 15 Jahre gibt, ist es notwendig, neben dem Kinderarzt auch den Altenarzt zu schaffen, der sich dann auf die typischen Alterskrankheiten spezialisieren kann. Oder jeder Hausarzt muß Geriatrie studiert haben und imstande sein, sie zu praktizieren.

Die Multimorbidität im Alter, das heißt die Erkrankung an mehreren nebeneinander bestehenden Krankheiten, muß so gut wie möglich verhindert werden. Es steht aber fest, daß die meisten typischen Alterserkrankungen schon in der Zeit vor Erreichen der Altersgrenze allmählich entstehen – wobei eine wesentliche Mitursache die in den jüngeren Lebensabschnitten meist nicht gesundheitskonforme Lebensweise darstellt.

Wer im Alter rüstig bleiben will, muß seine Lebensweise eben schon etwa vom 45. Lebensjahr an energisch darauf einstellen! Solche Vorbeugung gegen Altersleiden setzt aber die Kenntnis der gesundheitlichen Zusammenhänge voraus, das heißt, es muß der breiten Bevölkerung ein gutes Angebot an Gesundheitsbildung gemacht werden. Der Erwerb von Wissen genügt aber nicht, das Erlernte muß mit Energie in die Tat, in eine gesunde Lebensführung umgesetzt werden. Es ist bekannt, welch starken Einfluß die oft unbewußten Modeströmungen des Verhaltens auf jedes Glied einer Gemeinschaft ausüben. Es ist auch bekannt, wie sehr diese durch subtile (bis grobe!) Werbemethoden auf fast allen Lebensgebieten gesteuert (»manipuliert«) werden können – von der Kleidermode bis zur Haartracht, über Eßgewohnheiten und Freizeitverhalten bis zur Arbeitsmoral und zu Durchhalteparolen vergangener Zeiten! Niemand hat aber bis heute den ernsthaften Versuch unternommen, das Gesundheitsverhalten der verschiedenen Altersgruppen verantwortungsbewußt durch Einsatz aller Manipulationsmethoden (im guten Sinne des Wortes gemeint) so zu prägen, daß daraus ein Gesundheitsplus für den dritten Lebensabschnitt im Alter resultiert. – Das wäre des edlen Schweißes der Gesundheitserzieher, der Werbepsychologen und der sonstigen Fachleute wert!

Die schwierige Problematik der räumlichen und existenziellen Trennung der alten Generation von der mittleren Generation und von den Junioren ist noch nicht gelöst.

Die Soziologen haben verschiedene Fakten erforscht:

1. Daß – wie oben aufgeführt – die Wohn- und Existenzgemeinschaft der früheren Großfamilie heute nicht mehr zutrifft, ist unabänderliche Tatsache.

2. Daß die eigenständige Existenz der alten Mitbürger im Ruhestand durch die Sozialgesetzgebung in der Bundesrepublik Deutschland optimal geregelt wurde, ist ebenfalls eine erfreuliche Tatsache – obwohl die Rente in sicherlich nicht wenigen Fällen »zum Leben zuwenig und zum Sterben zuviel« ist!

3. Daß die vielen zersplitterten Beihilfen noch nicht befriedigen können, mit denen zu kleine Renten durch andere Instanzen aufgestockt werden (wie zum Beispiel durch Mietzuschüsse, Heizungsgelder, sonstige Zuwendungen über die Sozialhilfe), ist ein gewisser Nachteil unseres subsidiären Systems, das aber auch viele freiheitliche Vorteile aufweist. Hier werden die Sozialpolitiker abwägen müssen, in welcher Höhe Sozialversicherungsbeiträge und Steuern der jeweils arbeitenden Generation aufgebürdet werden können, um den Senioren angemessene Renten gewähren zu können, ohne daß die Grenze des Zumutbaren überschritten wird.

4. Daß in den letzten 25 Jahren viele Alters- und Pflegeheime gebaut wurden, muß rückhaltlos anerkannt werden. Daß sie bei der fast explosionsartigen Ausweitung des Problems, immer mehr alte Leute unterzubringen, seither nie ausreichen konnten, muß man begreifen. Ob aber eine weitere Ausweitung solcher Bauvorhaben »die« Lösung sein kann, ist zu be-

zweifeln. Vielmehr sollten weitere Untersuchungen in der neuen Richtung vorgenommen werden, wie die Senioren neben und zwischen der Mittel- und Juniorengeneration wohnungsmäßig integriert werden können und wie dabei ein neuer Stil des Zusammenlebens gefunden werden kann, der die Vorteile der früheren, traditionellen Wohngemeinschaft innerhalb der Großfamilie wiederherstellt und deren Nachteile vermeidet. Sinngemäß sollten die Vorteile der heutigen Regelung im Sinne der auch wohnungsmäßigen Verselbständigung der Senioren und ihre eigene Existenzsicherung beibehalten beziehungsweise ausgebaut werden, und auch hier sollten die beobachteten Nachteile (»Altengetto«) überwunden werden.

5. Daß aber das starre Alles-oder-Nichts-Gesetz des von einem Tag auf den anderen einsetzenden Pensionierungs- beziehungsweise Ruhestandstermins überwunden werden muß, sollte nachdrücklich von allen Ärzten, Psychologen und Soziologen gefordert werden.

Die moderne Industriegesellschaft muß und kann Mittel und Wege finden, den älteren Arbeitnehmer seinem anderen (nicht unbedingt geminderten) Leistungsvermögen entsprechend einzusetzen: In körperlicher Hinsicht und bezüglich seines raschen Reaktionsvermögens und seiner Wendigkeit wird man den Senior im höheren Alter in der Regel allmählich entlasten müssen. Seine Erfahrung, seine Zuverlässigkeit und Stetigkeit sollte man sich dagegen besser zunutze machen. Deshalb sollten die in abhängigen Positionen arbeitenden Senioren etwa ab dem 55. bis 60. Lebensjahr die Möglichkeit erhalten, etwas kürzer zu treten.

Aber auch nach dem 60. bis etwa zum 70. Lebensjahr sollte die Möglichkeit bestehen, unabhängig von einer starren Ruhestandsgrenze noch nach eigenem Wunsch ganz oder teilweise weiterzuarbeiten. Ein erster Anfang wurde mit der flexiblen Altersgrenze gemacht.

6. Daß es nicht nur um Verdienstmöglichkeiten im höheren Alter geht, sondern viel mehr noch um echte Lebensinhalte, dürfen wir den Senioren getrost glauben. Lebensinhalte ohne selbstgestellte oder wohlwollend angeregte Lebensaufgaben werden aber aus psychologischer, soziologischer und medizinischer Sicht sehr problematisch!

   Gewiß hat ein Teil der Senioren die innere Kraft, sich selbst für den Lebensabend interessante Aufgaben zu setzen, von Hobbys und sonstigen Freizeitbeschäftigungen angefangen, über noch für die Familie nützliche Gartenarbeit, über Reisen und Besuche bei Bekannten bis zu literarischer und künstlerischer Betätigung. Andere Senioren haben aber eine solche Aktivität im Alter nicht mehr spontan, und bei diesen ist es unsere gemeinsame Aufgabe, Ansatzpunkte für einen neuen Stil der Geselligkeit, aber auch der Forderung nach geistigen und körperlichen Aktivitäten zu entwickeln.

7. Daß soziale Leistungen nicht uferlos ausgedehnt werden können, muß uns allen klar sein. Denn heute sind die zum Teil geburtenschwächeren und durch zwei Kriege dezimierten Jahrgänge im Arbeitsleben – und sie müssen letztlich alle sozialen Leistungen durch ihr erarbeitetes Bruttosozialprodukt aufbringen. Die Aufstockung unserer Arbeitskraft durch ausländische Arbeitnehmer kann auf lange Sicht keine Lösung darstellen, so willkommen sie uns aus volkswirtschaftlichen und rententechnischen Tagesgründen im Augenblick auch sein muß. Denn auch die ausländischen Arbeitskräfte werden eines Tages ihre Altersgrenze erreichen und haben dann zum großen Teil Ansprüche an die »Deutsche Rentenversicherung«.

   Hier könnte ein Weg der Selbsthilfe für die Senioren gefunden werden, indem diese die traditionell innerhalb der alten Großfamilien früher ausgeübten Aufgaben in neuem, modernem Gewande wieder übernehmen.

   Ein mehrfacher Zweck wäre erreicht: Zum einen würde der Lebensabend vieler Senioren wieder einen neuen Sinn und

Inhalt bekommen; zum anderen könnten solche wieder stundenweise tätig werdenden Senioren ihre Rente aufbessern und einen höheren Lebensstandard erreichen; zum dritten könnten sie gerade auch in der Altenbetreuung tätig werden und die dortige Personalknappheit auf dem Dienstleistungssektor überwinden helfen, beziehungsweise jüngere Kräfte in den kommenden, zweifellos wirtschaftlich härter werdenden Jahren (Rentenberg!) für produktive volkswirtschaftliche Aufgaben freimachen.

8. Daß es sicherlich viele rüstige Senioren gibt, die stundenweise oder periodenweise noch leichtere, ihnen liegende Tätigkeiten übernehmen wollen und können, habe ich aus vielen Gesprächen erfahren. Nicht nur als Aufsicht im Museum oder als Fremdenführer, sondern auch auf manchem anderen Posten in der öffentlichen Verwaltung, im Handel und in der Industrie würden sie ihren Mann stehen. Man denke nur an die vielen älteren selbständigen Handwerker, die noch voll oder stundenweise tätig sind! Da zu hoffen ist, daß die heutige, meist zu weit gehende Abtrennung der Senioren von ihren Angehörigen der jüngeren Generation in Zukunft überwunden wird, können neue Wege gefunden werden, wie die Senioren sich bei der jüngeren Generation nützlich machen, ohne sich überflüssig vorzukommen oder gar zur Last zu fallen – aber auch ohne ausgenutzt zu werden. Viele häusliche Dienstleistungen, für die heute kaum jemand zu bekommen ist, würden sich als Tätigkeitsfeld anbieten. Wie oben erwähnt, setzt dies aber neue Wege bei der Planung und beim Bau von Seniorenwohnungen in der Nachbarschaft der aktiven Generation voraus, sonst können sich solche Kontakte nicht entwickeln.

9. Letztlich könnten auch manche Dienstleistungen in den Altersheimen von den Senioren selbst übernommen werden: von der vorübergehenden Krankenpflege betagter Senioren, die sich nicht mehr selbst versorgen können, über Verwaltungsauf-

gaben, Versorgungshilfen und Essensdienst bis zur kulturellen Betreuung und Freizeitgestaltung. Wir sollten nur den Mut haben, solche neuen Wege zu versuchen – mit dem zweifachen Ziel, den alten Leuten gewisse Aufgaben zu stellen und die Situation auf dem Dienstleistungssektor zu verbessern.

Wenn es uns gemeinsam gelingt, die so oft erhobene Forderung Schritt für Schritt zu verwirklichen, dem Leben nicht nur mehr Jahre zu geben, sondern diese dank der Fortschritte der Medizin nun verlängerten Jahre auch mit mehr Leben auszufüllen, dann haben wir das nach heutiger Erkenntnis Erreichbare geschafft!

Der Kongreß »Senioren '74« hat es gezeigt, kommende Kongresse werden es bestätigen und vertiefen: Es gibt – teils noch recht unbekannte – Organisationen, die nicht im Sinne karitativer Betätigung, sondern der Gegenwart und ihren Forderungen und Möglichkeiten zugewandt sich der Probleme der älteren Generation mit Initiative und sehr viel persönlichem Einsatz ihrer Mitglieder und der – meist ehrenamtlichen – Helfer annehmen.

Zwei von ihnen kommen in den letzten Beiträgen dieses Bandes zu Wort. Dr. SIGRID LOHMANN berichtet über die 1963 von Frau WILHELMINE LÜBKE ins Leben gerufene Deutsche Altershilfe, deren Geschäftsführerin sie ist, und Pfarrer GERHARD SCHMÜCKER vom Deutschen Evangelischen Verband für Altershilfe referiert über Einrichtungen der Altenhilfe bei den freien Wohlfahrtsverbänden.

Ihre Beiträge sollen nicht nur unterrichten. Sie sollen vielmehr ein Hinweis sein, wohin sich Senioren wenden können. Nicht nur, wenn sie Rat und Hilfe brauchen, sondern vor allem auch dann, wenn sie eine Tätigkeit suchen, in der sie ihrem Leben neuen Inhalt geben möchten. In einem der vorigen Bände unserer Reihe wurde es gesagt: Am besten ist das Seniorenproblem gelöst, wenn die Älteren sich selber seiner annehmen.

Das Kuratorium Deutsche Altershilfe

Dr. Sigrid Lohmann
Geschäftsführerin des Kuratoriums Deutsche Altershilfe der
Wilhelmine-Lübke-Stiftung, Köln

Lassen Sie mich zunächst einiges über das Kuratorium Deutsche Altershilfe sagen. Ich bin nicht sicher, daß alle Leser über unsere Ziele und Aufgaben informiert sind. Das KDA (wie wir uns kurz nennen) wurde 1963 vom damaligen Bundespräsidenten Lübke und seiner Frau Wilhelmine gegründet. Frau Lübke ist noch jetzt Ehrenvorsitzende, Schirmherr war der ehemalige Bundespräsident Heinemann. Nach der Satzung hat das KDA den Zweck, »betagten Mitbürgern, die infolge ihrer persönlichen oder wirtschaftlichen Lage der Hilfe ihrer Mitmenschen bedürfen, den Lebensabend zu erleichtern und zu verbessern. Insbesondere wird der Verein die Öffentlichkeit über die Lage dieser Mitbürger unterrichten und zum Mitdenken und zur Mithilfe anregen.«

Am Anfang unserer Arbeit standen viele Schwierigkeiten. Da waren zunächst die schlechten Wohnverhältnisse der älteren Menschen. Sie lebten häufig in schwer zu pflegenden und schlecht zu bewirtschaftenden Räumen, die in Häusern mit unzureichender sanitärer Ausstattung und ohne Aufzug in höhere Stockwerke lagen.

Das KDA war auch damals schon der Meinung, daß dem alten Menschen solange und soweit wie möglich ein selbständiges Wohnen und Wirtschaften ermöglicht werden sollte. Die Förderung des Baues altersgerechter Wohnungen war deshalb eine der ersten Aufgaben, die das KDA sich stellte.

Durch die zinsgünstigen Darlehen, die wir gewährten, wurden staatliche und kommunale Stellen angeregt, sich ebenfalls an der Finanzierung des Altenwohnbaus zu beteiligen. Das KDA hat im Laufe der Jahre fast 10 000 Altenwohnungen mitfinanziert. Heute gibt der Bund bei Beachtung der Mindestanforderungen entsprechende Förderungen, so daß das KDA mehr Gewicht auf andere Schwerpunkte legen kann.

Ich will hier nicht weiter auf die Problematik des Wohnens im Alter eingehen. Erwähnt sei nur, daß nach unseren Erfahrungen rüstige alte Menschen, die ihre leiblichen Interessen noch selbst verwirklichen können, sich in der Regel nicht in die Abhängigkeit anderer begeben, sich nicht von ihrem persönlichen Eigentum trennen, ihr Leben nach ihrem eigenen Rhythmus leben wollen, auch wenn ihnen durch das Alter und den damit verbundenen Leistungsabfall vieles schwerfällt, was mit der Versorgung der Wohnung und der eigenen Person und vielleicht des Ehepartners zusammenhängt.

Das KDA hat vor vier Jahren sein Institut für Altenwohnbau gegründet, in dem Architekten, Betriebswirte und Soziologen Fragen des Wohnens im Alter bearbeiten und Bauträger und Architekten von Altenwohnbauten informieren und beraten. Nicht zuletzt aber hat die Arbeit des KDA und des Instituts das Problem stärker in das Bewußtsein der Öffentlichkeit gerückt, und dies hat zu einer gesteigerten finanziellen Unterstützung des Baus von Altenwohnungen durch die öffentliche Hand geführt. Das Verbleiben der Betagten in der eigenen Wohnung oder einer Altenwohnung wird größtenteils von der Größe und Beschaffenheit des Angebots an ambulanten Diensten abhängig sein. Selbständiges und unabhängiges Wohnen muß für den älteren Menschen mit der Gewißheit verbunden sein, daß er im Krankheitsfall oder bei eintretender Behinderung ausreichend versorgt wird. Das KDA kann für sich in Anspruch nehmen, hier Schrittmacher für eine moderne Entwicklung in der Bundesrepublik gewesen zu sein. Heute lebt fast jeder dritte ältere Mensch in der BRD allein in einem Haushalt. Deshalb ist das Angebot an offenen und halboffenen oder ambulanten Hilfen für den älteren Menschen von größter Wichtigkeit.

Bevor wir uns diesen ambulanten Diensten zuwenden, möchte ich noch kurz einiges zu der geschlossenen Altenhilfe sagen. Aus verschiedenen Erhebungen wissen wir, daß die Zahl der pflegebedürftigen älteren Menschen zunimmt, daß aber in seltenen Fällen die Familie – falls überhaupt Kinder da sind – die Pflege übernehmen kann oder will. Die psychischen und physischen Anforderungen, die an die Familienmitglieder mit einem über Jahre hindurch pflegebedürftigen Angehörigen gestellt werden, sind nicht zu verharmlosen. Plätze in Pflegeheimen stehen nicht in ausreichender Menge zur Verfügung. Statt dessen werden noch immer Altenheime in zwar moderner Form, aber mit Betreuungscharakter weitergebaut, in denen der alte Mensch des letzten Restes seiner Funktionen beraubt wird. Um die Umwandlung von Altenheim- in Altenpflegeheimbetten anzuregen, hat das KDA seit einigen Jahren beträchtliche Zuschußbeträge zur Verfügung gestellt. Auch der weitere Anbau von Pflegeheimzimmern an schon bestehende Einrichtungen wird in die Förderung mit einbezogen. Über die schlechte Unterbringung und Versorgung von psychisch veränderten alten Menschen ist in letzter Zeit viel gesprochen und geschrieben worden. Das KDA gibt denjenigen Alten- und Pflegeheimen Zuschüsse, die für diesen Personenkreis weitere Pflegebetten schaffen. Eine Voraussetzung für das Gelingen dieser Unterbringung ist eine umfassende medizinische Versorgung mit therapeutischen Hilfen. Dann können dort auch ehemalige Patienten aus Landeskrankenhäusern Aufnahme finden.

Erfreulicherweise gibt es überall in der BRD Beispiele einer guten Zusammenarbeit zwischen den Sozialämtern und den freien Verbänden; vielerorts werden Arbeitsgemeinschaften für Altenhilfen gegründet, und die verschiedenen Dienste werden zusammen geplant und ausgeführt. Das KDA regt immer wieder solche Kooperationen zwischen den kommunalen Trägern, den Verbänden der Freien Wohlfahrtspflege, aber auch nicht zuletzt mit der gewerblichen Wirtschaft und Industrie an. Die Vielzahl unserer sozialen Institutionen ist oftmals zu klein, zu isoliert und zu finanzschwach, um zeitgemäße Hilfe anbieten zu können.

In verschiedenen Ländern und Städten der BRD gibt es bereits Sozialpläne, die einen Altenplan enthalten. Dies ist jedoch leider noch nicht die Regel. Wünschenswert wäre natürlich, wenn diesen Altenplänen wissenschaftlich fundiertes Material über die Situation und die Anliegen älterer Menschen zugrundeläge und die Maßnahmen nicht auf rein subjektiven Einschätzungen einzelner Planer basierten. Die örtlichen Besonderheiten und auch die Wünsche der Betroffenen sollten in diesen kommunalen Altenhilfeplänen unbedingt berücksichtigt werden. Bisher beschränkt man sich vielerorts noch auf die Errichtung und Unterhaltung von geschlossenen Alteneinrichtungen.

In unserem Bundessozialhilfegesetz gibt es einen speziellen Unterabschnitt »Altenhilfe«. Die gesetzliche Zweckbestimmung ist zweifach: Einmal soll die Hilfe dazu beitragen, Schwierigkeiten, die durch das Alter entstehen, zu überwinden, und zum anderen, die Vereinsamung im Alter zu verhüten. Dieser § 75 des Bundes-Sozialhilfegesetzes (BSHG) gibt nicht nur Anregung für die Ausgestaltung der Altenhilfe für die Kommunen, sondern hat, wie es formuliert wurde, »einen Appellcharakter« auch an die Länder, den Bund, aber auch an die Verbände der Freien Wohlfahrtspflege, an die Städteplaner, die Bau- und Wohnungsbaugesellschaften, Finanzierungsinstitute und an andere gesellschaftliche Institutionen, auch an einzelne Mitglieder unserer Gesellschaft, dabei mitzuwirken, daß die alten Menschen in unserer Mitte ein Leben führen können, das der Würde des Menschen entspricht.

Sodann möchte ich etwas über die ambulanten Dienste für die älteren Menschen sagen. Die bekannteste und wohl auch älteste Hilfe in dem Maßnahmenkatalog ist der Mahlzeitendienst. Seit einigen Jahren ist diese Einrichtung, von England übernommen, in vielen Städten und Gemeinden der BRD erfolgreich angewendet worden. Ältere Menschen, denen wegen einer Krankheit oder Behinderung das Einkaufen und Kochen schwerfällt, erhalten mit dem fahrbaren Mittagstisch eine fertige warme Mahlzeit ins Haus gebracht. Damit wird einer unzureichenden einseitigen Ernährung vorgebeugt, und eine drohende Gesundheitsschädigung kann vermieden werden. Mangelernährung ist bei älteren Menschen sehr verbreitet, sie sind manchmal unterernährt, obwohl übergewichtig. Die tägliche altengerechte Mahlzeit trägt entscheidend zur Erhaltung ihrer Kräfte und ihrer Gesundheit bei.

Durch diese Versorgung wird oftmals die Aufnahme in ein Pflegeheim zumindest hinausgeschoben, wenn nicht ganz überflüssig. Das KDA konnte zusammen mit der Feier seines zehnjährigen Bestehens den 500. Wagen »Essen auf Rädern« dem Träger übergeben. Da mit jedem Fahrzeug durchschnittlich etwa 50 Personen versorgt werden können, erhalten damit 25 000 Betagte regelmäßig mittags eine warme Mahlzeit. Durch die Initiative des KDA angeregt, haben die Freien Wohlfahrtsverbände und auch die Kommunen, aber auch Gewerbebetriebe und Industrieunternehmen weitere Fahrzeuge für die Versorgung der älteren Menschen mit warmen Mahlzeiten zur Verfügung gestellt, die in vielen Städten der BRD eingesetzt sind. Zu erwähnen ist noch, daß diese Fahrzeuge sehr häufig von Ersatzdienstleistenden, die bei den Freien Wohlfahrtsverbänden ihren Dienst ableisten, gefahren werden. Erfreulicherweise bleiben einige dieser jungen Männer auch später, nach Ableistung ihres Ersatzdienstes, in einem sozialen Beruf. Das Kuratorium stellt für diesen Mahlzeitendienst die Transporterausstattung und das Fahrzeug; der laufende Unterhalt wird von den Kommunen und/oder Freien Trägern der Wohlfahrtspflege bestritten. Wie schon erwähnt, ist in vielen Städten für diese Versorgung eine Arbeitsgemeinschaft gegründet worden, die die Stadt in verschiedene Bezirke unterteilt hat, die dann von einem bestimmten Träger versorgt werden. Meistens ist der Preis für die Mahlzeiten nach dem Einkommen gestaffelt; Sozialhilfeempfänger zahlen in der Regel einen geringen Anteil, der Rest wird von der Kommune gezahlt. Diejenigen älteren Menschen mit einem guten Einkommen zahlen den vollen Preis für die Mahlzeiten, der bei 5,– DM liegen kann.

Das KDA ist nunmehr bemüht, neue Formen der Rationalisierung in der Zubereitung und Verteilung der Mahlzeiten auf Rädern zu finden. Im Abstand von einigen Jahren werden deshalb Tagungen veranstaltet, bei denen ein Erfahrungsaustausch stattfindet, zu denen auch Institutionen wie die Deutsche Gesellschaft für Ernährung und das Deutsche Tiefkühlinstitut eingeladen werden. Von dort erhalten wir auch immer neue Anregungen für eine altersgerechte Kost, die leider noch nicht überall gereicht wird.

Als Ergänzung zum »Essen auf Rädern« wird in einigen Orten auch ein stationärer Mittagstisch, manchmal in Verbindung mit einer Altentagesstätte, eingerichtet. Dort können die älteren Menschen ihre Mahlzeiten einnehmen oder von dort von Angehörigen oder Freunden oder durch Nachbarschaftshilfe die Speisen abholen lassen. Insbesondere alleinstehende ältere Herren besuchen diese Einrichtung, weil sie sich mit dem Kochen nicht auskennen, sich bei ihren sonstigen Bedürfnissen aber noch gut selber helfen können.

Vielerorts hat sich mit der Einrichtung des Mahlzeitendienstes ergeben, daß weitere ambulante Dienste notwendig sind, um vorübergehend hilfsbedürftige ältere Menschen in ihrer Wohnung belassen zu können. An oberster Stelle steht hier die Hauspflege. In der Altenhilfe wird die Hauspflegerin oder Altenpflegerin nicht nur vorübergehend bei Erkrankungen eingesetzt, sondern ihre Aufgabe ist es auch, im Einzelfall die laufende Versorgung eines Haushaltes zu übernehmen. Es bedeutet jedoch fast immer nur stundenweise Tätigkeit im Altenhaushalt – und zwar je nach dem Umfang der Versorgung ein oder mehrere Male in der Woche. Dabei kommen die verschiedensten Arbeiten in Betracht: Reinhalten der Wohnung, Zubereiten der Mahlzeit, Einkaufen oder Hilfe bei der Körperpflege. Hier kommt den mobilen Diensten eine besondere Bedeutung zu. Eine Anzahl Hauspflegedienste und Haushaltshilfen mit entsprechend ausgestatteten Fahrzeugen funktionieren bereits gut. In einigen Städten gibt es auch Depots für Hilfsgeräte für diese Hauspflege, die beispielsweise Pflegebetten, Zimmerfahrstühle, Toilettenstühle, Gehgestelle und ähnliche Hilfsmittel für die Pflege enthalten, die ausgeliehen werden.

Eng verbunden mit »Essen auf Rädern« und dem Hauspflegedienst ist der Wäschedienst. Hier wird in regelmäßigen Abständen die schmutzige Wäsche von allein wohnenden Betagten oder von Familien, die einen erkrankten Angehörigen pflegen, abgeholt und sauber wieder zurückgebracht. Bei gutem Einkommen wird diese Leistung wie bei anderen Diensten bezahlt, sonst aber zu einem reduzierten Preis zur Verfügung gestellt. Diese Hilfe stellt eine wesentliche Erleichterung dar und wird auch von Angehörigen von kranken Betagten, die diesen über einen längeren Zeitraum pflegen müssen, gern in Anspruch genommen.

Ebenfalls eng mit den bereits besprochenen Diensten ist der Fußpflegedienst für ältere Menschen verbunden. Dieser Dienst ist noch wenig bekannt, obwohl er eine sehr notwendige Hilfe für die älteren Mitbürger darstellt. Viele Krankheiten werden nämlich durch Bewegungsmangel hervorgerufen, weil die Füße nicht in Ordnung sind. Ein erfahrener Fußpfleger kann hier bald Abhilfe schaffen, indem er die Patienten vielleicht auch zum Orthopäden schickt, der Einlagen verschreibt. Fußpflegedienste stehen auch in Altenheimen und vielen Altentagesstätten regelmäßig zur Verfügung für diejenigen, die noch gut laufen können oder für die ein Fahrzeug für den Hin- und Rückweg bereitgestellt werden kann.

Alle diese Dienste sollen es dem älteren Menschen ermöglichen, so lange wie irgend möglich, einen selbständigen Haushalt zu führen und bei vorübergehender Krankheit versorgt zu werden. Dazu gehört auch, daß dem alten kranken Menschen, der seine

Wohnung nicht verlassen kann, das Haar gewaschen wird. Einen ambulanten Friseurdienst gibt es jetzt in Hamburg. Wiederum in Verbindung mit den schon genannten Hilfsdiensten gibt es in einigen Städten den mobilen Bücherdienst. Die älteren Menschen, die daran teilnehmen, können aus einer Aufstellung die gewünschten Bücher wählen, die ihnen dann gebracht werden. Hier sind auch die von verschiedenen Verlagen (Friedrich-Schiller-Stiftung – gefördert durch den Bund) herausgebrachten Großdruckbücher zu nennen, die selbst von etwas sehschwachen älteren Menschen gut zu lesen sind.

Weitere Hilfsmöglichkeiten in Verbindung mit anderen mobilen Diensten sind im Aufbau, dabei ist besonders daran gedacht, Kranken- und Heilgymnastinnen (wenn wir nur genügend von ihnen hätten!!), auch Beschäftigungstherapeutinnen zu den älteren Menschen in die Wohnung zu schicken, um mit ihnen entsprechende Übungen zu machen, die eine Besserung ihrer körperlichen und seelischen Gesundheit erreichen. Auch wäre es gut, wenn wir mehr technische und handwerkliche Hilfsdienste hätten, die den älteren Menschen bei kleineren Reparaturen in ihren Wohnungen helfen oder aber auch sie den Umgang mit verschiedenen Hilfsmitteln lehren, die eine Behinderung im Alter überbrücken.

Ferner möchte ich noch auf die halboffenen beziehungsweise stationären Dienste zurückkommen, die außerhalb des Heimbereichs liegen. Da sind in erster Linie Altentagesstätten und Altenklubs zu nennen, das sind Zentren, in denen man Gleichaltrige trifft, Anregungen erfahren und Geselligkeit genießen kann. Der Isolierung im Alter soll durch diese Einrichtung entgegengewirkt werden. Die Programme der verschiedenen Klubs sind unterschiedlich, überall aber ist man von der Art der sogenannten Wärmestuben abgekommen und läßt die älteren Menschen ihre Veranstaltungen machen. Dies ist in der Altenhilfe, wie Sie wissen, eine wichtige Erkenntnis, daß man nämlich nicht für die älteren Menschen etwas organisiert, sondern mit ihnen.

Nicht zu vergessen die Werkstätten für ältere Menschen, die es in einigen Städten gibt. – Wie ich schon sagte, wird in den Altentagesstätten nicht nur Kaffee getrunken und Skat gespielt, sondern es entwickeln sich in den meisten von ihnen Aktivitäten. Wir wissen von regelmäßigen Gymnastikkursen. – Aber auch andere Möglichkeiten für eine Bewegungstherapie, zum Beispiel Kegeln oder Ballspiele, oder Beschäftigungstherapie, die nicht mit sinnlosem Basteln verwechselt werden darf, gibt es in manchen Altentagesstätten bereits.

Unsere Empfehlungen gehen dahin, neben diesen Aktivitäten auch gewisse Therapieeinrichtungen in den Altentagesstätten vorzusehen. Das ist natürlich oftmals eine Frage von Raumangebot und vorhandenen Geldmitteln. Gut wäre es, wenn man in den Altentagesstätten medizinische Bäder, Packungen, Massagen anböte, oder auch nur ein einfaches Reinigungsbad. Vergessen wir nicht, daß heute noch ein Großteil der älteren Menschen in Wohnungen ohne ein eigenes Bad lebt, weil diese Wohnungen billig sind.

Es gibt viele Beratungsstellen für ältere Menschen, und wir betrachten diese Hilfsdienste als die wichtigsten überhaupt. Die Schnellebigkeit unserer Zeit, die rasante technische Entwicklung, die immer komplizierter werdenden Vorgänge im Bereich des Rechts und der Verwaltung stellen besonders den älteren Menschen vor Probleme, die er allein oft nicht lösen kann. Die meisten Beratungsstellen haben feststehende Beratungszeiten, und es ist bekannt, auf welche Spezialgebiete sich ihre Beratertätigkeit erstreckt, das kann Rechtsberatung sein, Ernährungsberatung, Wohnungsberatung, allgemeine Beratung – auch in familiären Fragen, Beratung über soziale Dienste. Es sollen im übrigen auch ambulante Beratungsstellen eingerichtet werden.

Viele der möglichen Hilfsangebote kann ich nur nennen, ohne auf Ausführung im einzelnen eingehen zu können. Das gilt auch für das große Gebiet der Altenerholung, die in den Maßnahmen der modernen Altenhilfe ihren festen Platz gefunden hat. Wir betrachten den Erholungsurlaub für alte Bürger als eine wesentliche Maßnahme vorbeugender Gesundheitspflege. Auch im Alter ist es wichtig, einmal richtig Urlaub machen zu können, in eine neue Umgebung zu kommen, neue Menschen kennenzulernen, neue Eindrücke zu bekommen, die auf den ganzen Menschen belebend wirken.

In einigen Städten besteht bereits seit einiger Zeit die Möglichkeit der Stadtranderholung. Sie ist besonders für einen Personenkreis gedacht, dem eine größere Reise zu beschwerlich ist. Man fährt morgens mit einem Bus in ein nahegelegenes Erholungsgebiet, verbringt dort den Tag mit Gleichaltrigen, wird mit Essen und Trinken versorgt und hat meistens auch die Möglichkeit, mittags ein kleines Nickerchen zu machen. Abends ist man wieder in seinen vier Wänden und schläft im eigenen Bett.

Für alle diese Einrichtungen der stationären und ambulanten Altenhilfe benötigen wir entsprechend geschultes Personal. Und hier wird ein besonderes Problem angesprochen. Es müssen große Anstrengungen unternommen werden, um geeignetes Personal anzuwerben und auszubilden. Dazu müssen die Arbeitsbedingungen attraktiver gemacht und Möglichkeiten der Fort- und Weiterbildung ausgebaut werden, die entsprechende Aufstiegschancen in Aussicht stellen.

Unseres Wissens gibt es nur in der Bundesrepublik und in Holland die staatlich anerkannte Altenpflegerin, die eine zweijährige Ausbildung absolvieren muß (examinierte Krankenschwester 3 Jahre, Pflegehelferinnen ein Jahr). Altenpflegeschulen gibt es bereits zahlreich in der BRD, die jedoch den Bedarf bei weitem nicht decken können. Großer Mangel besteht bei uns auch bei den sogenannten paramedizinischen Berufen, Bewegungstherapeuten und Beschäftigungstherapeuten, die möglichst auch ambulant eingesetzt werden sollten. Die besten Rehabilitations- und Therapieeinrichtungen können erst mit dem Einsatz dieser Pflegekräfte nutzbar gemacht werden und liegen andernfalls brach und ungenutzt.

Noch ein Wort zur Forschung.

Das KDA hält es für außerordentlich wichtig, Erhebungen über die Situation der alten Menschen anzustellen. Erst einmal muß erforscht werden, welche Angebote für ältere Menschen bestehen, wo Lücken sind und in welcher Form und durch wen sie ausgefüllt werden können. Welcher Bedarf an welchen Diensten besteht überhaupt? Das KDA hat verschiedentlich die interdisziplinäre Forschung angeregt und auch gefördert.

Themen dieser Arbeiten sind:
- »Das Bild des älteren Menschen im westdeutschen Schullesebuch«
- »Sozialpsychologie der Alterssexualität«
- »Sozialpsychologie der Heimunterbringung älterer Menschen«

Daß wir in der Bundesrepublik nun endlich einen Lehrstuhl für Geriatrie in Erlangen-Nürnberg haben, ist nicht zuletzt auf die Initiative des KDA zurückzuführen. Forschung und Lehre in Geriatrie und Gerontologie, und zwar interdisziplinär, sind eine wichtige Voraussetzung für die weitere Behandlung der Altersfragen. Wir in der Bundesrepublik sind gegenüber den meisten anderen europäischen Ländern in dieser Hinsicht im Hintertreffen.

Als ein weiteres Problem, das es zu lösen gilt, sieht das KDA die unterschiedliche Behandlung an, die kranke ältere Menschen bei der Finanzierung der Kosten einmal im Pflegeheim und zum anderen im Krankenhaus erfahren.

Hier hat eine Kommission von Experten, die vom KDA berufen wurden, ein Papier erarbeitet, das die Änderung der Auslegung von entsprechenden RVO(Reichsversicherungsordnung)-Bestimmungen bewirken soll.

Wir können auf längere Sicht jedoch die Lage des älteren Menschen nur dann verbessern, wenn wir die Einstellung aller Beteiligten zum Seniorenproblem grundlegend ändern.

Zunächst ist der ältere Mensch durch eine gezielte Vorbereitung auf die Probleme seines Alters und deren Überwindung hinzuweisen. Dann ist durch eine gute Öffentlichkeitsarbeit den Jüngeren beizubringen, wie sie die älteren Menschen und deren Anliegen besser sehen und verstehen lernen.

Diese Aufgabe liegt noch weitgehend ungelöst vor uns, und wir alle sollten uns bemühen, daran mitzuwirken, daß die älteren Menschen ein wirkliches Leben in Würde unter uns führen können.

Einrichtungen der Altenhilfe bei den freien Wohlfahrtsverbänden

Pfarrer GERHARD SCHMÜCKER
Vorsitzender des Deutschen Evangelischen Verbandes für
Altershilfe, Nürtingen

Alle Einrichtungen, Werke und Menschen, die sich mit der Altenhilfe beschäftigen, stellen fest, daß Bewegung in ihre Arbeit gekommen ist. Es ging fast zwanzig Jahre lang darum, für die große Zahl von Menschen der älteren Generation, die sich nicht mehr allein versorgen konnte, zunächst einen Lebensraum zu schaffen, das heißt Heimplätze. So war der Bestand an Altenheimplätzen am 1. 1. 1970 etwa 170000; er verteilte sich auf etwa 3000 verschiedene Einrichtungen. Darunter waren Altenerholungsheime, Altenheime mit und ohne Pflegeabteilung, auch schon reine Altenpflegeheime, Schwestern-Altenheime und Altenwohnungen. Darüber hinaus auch noch Spezialeinrichtungen der Altenhilfe in kleinerer Zahl.

Aber alles das geschah damals noch weitgehend ohne Interesse der Öffentlichkeit. Heute dagegen stellt man eine Fülle von Initiativen aller Art und Hilfe fest. Das Interesse der Gesellschaft ist heute groß. Man fragt zunächst nicht mehr nach der Zahl der vorhandenen Altenheimplätze, sondern man überlegt bei den staatlichen Stellen, bei den kommunalen Einrichtungen, bei den Trägern der freien Wohlfahrtspflege immer mehr, ob das Altenheim die einzige Möglichkeit der Altenhilfe sei, ob nicht andere Möglichkeiten bestünden oder gefördert werden könnten, die dem alten Menschen unter Umständen besser dienen können, die ihn möglichst lange selbständig sein lassen und die ihn damit auch in seiner Rolle als selbständiger Staatsbürger und Partner der jungen Generation bestätigen.

Da die Zahl derer, die pflegebedürftig werden, anwächst, ja, erfahrungsgemäß und nach den Erhebungen wissenschaftlicher Forschungen in noch stärkerem Maße anwachsen wird, werden auch Heime nicht unnötig. Die Zahl von 4–4,5 Prozent der über 65jährigen Staatsbürger, die in Heimen wohnen müssen, wird bleiben, aber die bestehenden Heime werden ihren Charakter ändern.

Schon heute ist festzustellen, daß die Nachfrage nach Altenheimplätzen nachläßt, daß aber die vorhandenen Altenheime sich dafür immer mehr in Richtung auf Altenpflegeheime hin verändern und in ihrer inneren Struktur – von der Bereitschaft, leichte Pflegefälle zu versorgen, bis hin zur Aufnahme und Behandlung von Schwerstpflegebedürftigen – alle Möglichkeiten aufweisen. Sie nehmen dabei immer mehr krankenhausähnlichen Charakter an und nennen sich deshalb zum großen Teil auch schon Altenpflegeheim oder Altenkrankenheim.

Trotzdem reicht die Zahl von Pflegeheimplätzen, die vorhanden sind, nicht aus. Insbesondere sind Einrichtungen für verhaltensgestörte und psychisch kranke alte Menschen nur in ganz kleiner und völlig ungenügender Zahl vorhanden. Dabei wird die Zahl dieser psychisch kranken alten Menschen oder, wie man wissenschaftlich sagt, dieser psycho-geriatrischen Fälle immer mehr zunehmen. Auch in den Pflegeabteilungen der traditionellen Altenheime sind für solche alte Menschen, die psychisch erkrankt sind, kaum Plätze vorhanden.

Man kann also sagen, die zweite Welle der Altenhilfe beschränkt sich nicht mehr auf das Erstellen von Plätzen, sondern beabsichtigt eine fortlaufende Intensivierung der Heime durch Differenzierung des Angebotes, Auflockerung und Verbesserung der Hilfe und Betreuung.

Zunehmend kann man dabei auch auf Forschungsergebnisse der jungen geriatrischen Wissenschaften zurückgreifen, die sich dann in die Praxis umsetzen lassen durch Anwendung therapeutischer Möglichkeiten. Sie erlauben es, den alten Menschen besser als früher bei Kräften zu erhalten, ihm seine geistige und körperliche Frische sogar zu bewahren.

In vielen Heimen gibt es heute schon Einrichtungen der Physio- und Hydro-Therapie, also Einrichtungen, die durch gezielte Bewegungsübungen, Gymnastik, Beschäftigung die Erhaltung und eine gewisse Reaktivierung des körperlichen Zustandes bewirken. Wenn wir aber überlegen, daß die Erstellung eines solchen neuen Heimes, das all diesen Forderungen nachkommt – und diese Forderungen werden uns ja in Zukunft durch das kommende Heimgesetz noch eindrücklicher nahegebracht werden – bei einem normalen Altenheim circa 80 000,– DM pro Platz erfordern und für eine spezielle Pflegeeinrichtung 120 000,– DM pro Platz erfordern, dann können Sie sich vorstellen, welche Probleme auf uns zukommen.

Es besteht ja ein riesiger Nachholbedarf zur Sanierung und Renovierung älterer Häuser, insbesondere der Häuser, die kurz nach der Währungsreform in den Jahren 1948–55 gebaut wurden und die nun auch in Zukunft alles das aufweisen sollen, was die Wissenschaft heute fordert und ermöglicht. Im Rahmen einer Heimaufsicht, deren Durchführung nun allerdings noch nicht geklärt ist, wird man sich davon überzeugen, inwieweit die Einrichtungen der freien Wohlfahrtspflege in Zukunft den gestellten Forderungen entsprechen.

Aber ein guter Heimbetrieb, eine gute Versorgung, eine gute Betreuung, ein Sich-Wohlfühlen der Menschen in den Heimen ist ja nicht nur abhängig von guter Pflege, guter Verpflegung und guten Wohnmöglichkeiten, sondern es kommt ja auf das Klima im ganzen an, auf die Stimmung, die in diesem Hause herrscht, ob das Haus wirklich zu einer Heimat geworden ist.

Die Verbände der freien Wohlfahrtspflege suchen das in ihren Häusern seit Jahren zu verwirklichen durch mancherlei Vorhaben und mancherlei Bemühungen. Man kann das, was hier vor uns steht und was wirklich als ein großes Problem noch gelöst werden muß, vielleicht nach drei Richtungen hin charakterisieren:

Es geht zunächst einmal um die Öffnung der Heime nach außen. Es geht darum, die Bewohner der Heime zu einer gewissen Selbstbeteiligung zu bringen. Wir reden in diesem Zusammenhang auch von einer Demokratisierung. Aus den Erfahrungen in den Heimen der freien Wohlfahrtspflege wurden Richtlinien erarbeitet, die dann in der Bundesarbeitsgemeinschaft der Verbände der freien Wohlfahrtspflege zum Beispiel als allgemeingültig für die Schaffung von Heimbeiräten akzeptiert wurden.

Ist diese Einrichtung von Heimbeiräten erst einmal generell verwirklicht – zum großen Teil ist sie es schon –, dann ist die Abseitsrolle der alten Menschen schon wesentlich verändert. Aber auch in der offenen Gesellschaft müßte dieser Durchbruch noch gelingen.

Die Heimbeiräte in den Heimen kümmern sich nicht nur um das tägliche Leben, sie kümmern sich nicht nur um die Verpflegung und um den Küchenzettel, sondern sie überlegen sich die Bildungsangebote, die zu machen sind, sie organisieren Ausflüge, Wanderungen, Reisen, und sie bestimmen zum großen Teil auch schon die Hausordnung mit. So kommt es immer mehr zu Gesprächen in Gruppen, und gerade diese Gruppengespräche lösen Prozesse aus, die sehr dazu beitragen, Spannungen und Unebenheiten in den Heimen zu beseitigen.

Das Zweite wäre die wirtschaftliche Situation des alten Menschen im Heim; und hier haben wir nun wirklich ein Problem vor uns, das uns allergrößte Not macht.

Alle Verbände setzen sich seit Jahren schon dafür ein, daß ein alter Mensch, wenn er in einem Heim zum Sozialhilfeempfänger wird, nicht, während er ein Leben lang für sich selbst sorgen konnte, nun zurückversetzt wird in den Status eines Taschengeldempfängers. Bei den immer höher und schneller ansteigenden Heimkosten ist das immer häufiger der Fall. Alte Menschen empfinden das als entwürdigend, zumal wenn dann noch Familienangehörige zur Kostendeckung mit herangezogen werden.

Ein Durchbruch scheint jetzt gelungen zu sein dadurch, daß zum Taschengeld noch ein gewisser Prozentsatz des Regelsatzes der Sozialhilfe gewährt werden kann. Aber man sollte eben dem Sozialhilfeempfänger im Altenheim einen Teil der eigenen Rente als eigenes Geld belassen können.

Noch mehr Not macht uns die finanzielle Lage der alten Menschen und ihre Lösung in den geriatrischen Spezialeinrichtungen, in den Altenpflegeheimen, denn deren Pflegesätze liegen ja erheblich über denen normaler Altenheime. Spezielle Altenkrankenheime haben heute schon Pflegesätze zwischen 50,- DM und 60,- DM. Wenn es sich um Neubauten handelt, dann werden die Sätze von 100,- DM erreicht. Vielleicht werden sie in Zukunft auch noch höher sein. Wer soll das aus seiner Rente oder aus seiner Pension bezahlen? Zwangsläufig wird man, wenn man ein Altenpflegeheim oder eine geriatrische Spezialeinrichtung aufsuchen muß, zum Sozialhilfeempfänger.

So versuchen auch die Verbände der freien Wohlfahrtspflege schon seit Jahren, die bisherige Praxis der Bezahlung der Kosten bei sogenannter Pflegebedürftigkeit – ein sehr schillernder Begriff – zu ändern. Die Praxis sieht doch folgendermaßen aus: Wenn eine alte Dame mit 70 Jahren einen Schenkelhalsbruch bekommen hat, dann wird sie in ein gut geleitetes und gut arbeitendes Kreiskrankenhaus eingewiesen, ihr Schenkelhalsbruch wird dort behandelt, der Knochen wird genagelt, sie wird gut versorgt, die Krankenkasse bezahlt alles, sie behält ihre Rente, ihr Vermögen wird nicht angetastet, und ihre Angehörigen bleiben unbehelligt. Nach einiger Zeit, wenn die Betten in diesem Krankenhaus wegen der Neuzugänge etwas knapper werden, wird sie vielleicht in ein etwas kleineres Krankenhaus am Rande des Kreises verlegt, sie wird dort ebenfalls gut behandelt und versorgt, die Krankenkasse bezahlt alles. Sie behält ihre Rente, ihr Vermögen wird nicht angetastet, ihre Angehörigen bleiben unbehelligt.

Hat sie nicht das Glück, ein solch kleines Krankenhaus zu finden, so wird ihr nach einiger Zeit gesagt: »Sie sind jetzt pflegebedürftig; wir werden versuchen, Sie in ein Altenpflegeheim zu verlegen.«

Nun kommt sie in ein Altenpflegeheim, wird dort ebenfalls gut versorgt, wird vielleicht noch besser behandelt, weil man hier eine gewisse Rehabilitations- und Reaktivierungstherapie mit ihr beginnen kann, die vielleicht sogar dazu führt, daß sie wieder gehen kann. Aber die Krankenkasse bezahlt nichts, ihre Rente reicht für die Kosten nicht aus, sie wird Sozialhilfeempfängerin, ihr Vermögen wird verwertet, und ihre unterhaltspflichtigen Angehörigen müssen unter Umständen noch mitbezahlen.

Das ist die Situation. Und diese Situation muß geändert werden. Eine Kommission, zu der auch Vertreter der freien Wohlfahrtspflege, angesehene Geriater und Gerontologen gehören, und viele andere wissenschaftliche Mitarbeiter auf diesem Gebiet haben sich daran gemacht, hier einmal zu untersuchen, inwieweit eigentlich heute noch Pflegebedürftigkeit und Behandlungsfähigkeit getrennt werden können. Wir sind gespannt, was bei dieser Untersuchung herauskommt, und vielleicht ergibt sich dann doch eine Möglichkeit, hier die Situation etwas zu verändern.

Freie Träger, also die freie Wohlfahrtspflege, sind dabei oft beweglicher, freier, findiger, oft auch mehr engagiert als Behörden und amtliche Stellen. Wir stehen in echter Partnerschaft zum Staat, zu den Ländern und Kommunen, aber wir stehen dabei eindeutig auf der Seite der alten Menschen, die ihre Belange eben nicht so eindringlich vertreten können wie die Verbände – bis jetzt noch nicht. Wir hoffen aber, daß die ältere Generation immer mehr die Rolle erkennt, die sie eigentlich spielen könnte und spielen sollte und die sie dann auch befähigt, sich selbständig für ihre Rechte einzusetzen.

Wir wollen dazu helfen, daß dieser Gruppe der Älteren und Alten dies eines Tages auch wirklich gelingt.

Goldmann RATGEBER

Speziell mit dem Problem älterer Menschen beschäftigt sich die von dem bekannten Altersmediziner Prof. Dr. med. Volkmar Böhlau herausgegebene Reihe Goldmann RATGEBER »Senior«. Namhafte Wissenschaftler und Praktiker beleuchten in prägnanten Aufsätzen nahezu alle Probleme älterer Menschen nach dem neuesten Stand der Wissenschaft.

Senior und Erholung (10570)
Aus dem Inhalt: Lebensqualität – Was für ein Urlaub? – Körperpflege – Geistige Aktivität – Freizeitgestaltung – Der Senior und sein Arzt.

Senior und Fitness (10572)
Aus dem Inhalt: Alter und Krankheit – Leistungsfähigkeit – Körperliches Training – Rehabilitation – Kneippbehandlung – Naturgemäße Heilmethoden – Physiotherapie.

Senior – Heim und Ernährung (10573)
Aus dem Inhalt: Wohnen alter Menschen – Alters- und Seniorenheime – Gesundheitserziehung – Kirchlicher Sozialdienst – Vollwertige Ernährung – Ernährungsberatung – Kalorientabelle.

Der Weg zum glücklichen Alter. Von Siegmund H. May (10556)

Wie läßt sich vorzeitiges Altern verhüten, wie kann man vermeidbaren Altersbeschwerden vorbeugen? Was tut man gegen Arterienverkalkung, Rheuma und Arthritis, gegen Herzinfarkt und Übergewicht, gegen Passivität und Vereinsamung? Dr. May, ein erfahrener Arzt, gibt Hinweise und Ratschläge zu diesen ernsten Problemen.

WILHELM GOLDMANN VERLAG MÜNCHEN

Goldmann MEDIZIN

Kochrezepte für Zuckerkranke. 105 schmackhafte Rezepte, 30 Tagesbeispiele mit Kohlenhydrat- und Fett-Austauschtabellen. Von Katharina Dempfle. (9004)

Dieser Band soll dem Diabetiker helfen, die ärztliche Diätverordnung praktisch durchzuführen. Der Zuckerkranke wird sehen, daß trotz mancher Einschränkungen viele Variationsmöglichkeiten bestehen, den Speisezettel abwechslungsreich und schmackhaft zu gestalten.

Kochsalzarme Kost. Mit 5 Abbildungen und 4 Tabellen. Von Prof. Dr. H.-J. Holtmeier. Mit einem Geleitwort von Prof. Dr. Dr. L. Heilmeyer, Freiburg. (1599)

Dieser Band enthält alles wichtige über kochsalzarme und natriumarme Diät mit 63 Kostvorschlägen, auch für Magen-, Darm-, Leber-, Galle- und Nierenkranke. Mit Tabellen über Kalorien- und Nährwertbedarf.

Gesunde Kost – gesundes Herz. Vorbeugende Diät gegen Herzinfarkt. 174 Rezepte mit Kalorienangaben. Von Prof. Dr. Siegfried Heyden unter Mitarbeit von Gudrun Brand und Ute Kolb (9052)

Häufig kann schon vernünftiges Essen vor dem so gefürchteten Herzinfarkt, vor Angina pectoris, Arteriosklerose oder gar einem plötzlichen Herztod bewahren. Der Verfasser macht ausführliche Diätvorschläge für Herzpatienten und alle, die es nicht werden wollen.

WILHELM GOLDMANN VERLAG MÜNCHEN

Goldmann MEDIZIN

Ärger und Aufregung als Krankheitsursachen. Von Dr. A. T. W. Simeons. (9034)

Eine große Gruppe von körperlichen Krankheiten beruht auf psychischen Ursachen. Das gilt in besonderem Maß für Störungen im Bereich des Magendarmtraktes, des Herzens und der Blutgefäße, der Schilddrüse und auch der Sexualität. Die hier dargestellten Erkenntnisse geben vielen eine neue Hoffnung auf Heilung.

Der ganzheitliche Mensch. Neue Wege zur körperlichen und seelischen Entspannung. Von Prof. Dr. Boris Luban-Plozza und Lothar Knaak-Sommer (9001)

Die moderne Medizin hat bewiesen, daß erschreckend viele Krankheiten auf seelische Störungen zurückzuführen sind. In diesem Buch werden die wichtigsten psychosomatischen Krankheiten vorgestellt. Das Buch stellt besonders die Bedeutung guter zwischenmenschlicher Beziehungen heraus und weist Wege, wie dies zu erreichen ist.

Der nervöse Mensch. Seelische Störungen im Alltag. Von Prof. Dr. B. Luban-Plozza. (9023)

Unser Nervensystem ist durch die vielfältigen Einflüsse von Umwelt, Familie, Schule und Beruf arg strapaziert. Von berufener Seite erhält der Leser hier Ratschläge, wie er mit der modernen technischen Umwelt fertig werden kann.

WILHELM GOLDMANN VERLAG MÜNCHEN